Level 1A

¡Avancemos!

Cuaderno para hispanohablantes

HOLT McDOUGAL
a division of Houghton Mifflin Harcourt

ISBN-13: 978-0-618-76601-7
ISBN-10: 0-618-76601-4

11- 2266 - 15
4500531589
Internet: www.holtmcdougal.com

¡Avancemos! Nivel 1A
Table of Contents

¡Avancemos! Nivel 1A
Table of Contents

TO THE STUDENT:

Your workbook, **Cuaderno para hispanohablantes**, is similar to *Cuaderno: Práctica para todos*, but it has been especially designed for you as a student with some degree of experience with Spanish. The leveled vocabulary and grammar activities cover the material taught and practiced in each lesson of your textbook. In each lesson, two pages of additional vocabulary and grammar (which are not found in the *Cuaderno*) present more advanced concepts such as complex grammar, spelling difficulties, and advanced vocabulary. Other workbook pages use the vocabulary and grammar from the lesson to target a specific skill such as listening, reading or writing.

These are the sections in the **Cuaderno para hispanohablantes** for each lesson:

- **Vocabulario**
  Has two to three activities that practice the vocabulary taught in that lesson.

- **Vocabulario adicional**
  Provides additional vocabulary lessons relevant to you as a heritage learner.

- **Gramática**
  Follows the same pattern as the **Vocabulario** section and reinforce the grammar points taught in each lesson.

- **Gramática adicional**
  Teaches an advanced grammar concept, such as punctuation, verb forms, and more complex sentence structures.

- **Integración: Hablar**
  This page includes a single activity and is not leveled. It asks you to respond orally to a single question, based on information that you will receive. The information comes from two sources. One is a written source and the other is a short audio. You must comprehend the information coming from both sources and put it together in order to answer the question. The question can usually be answered in a few sentences.

- **Integración: Escribir**
  This page is like the previous one, except that you will provide your answer in written form.

- **Lectura**
  Contains short readings comprehension activities to practice your understanding of written Spanish.

- **Escritura**
  In this section you are asked to write a short composition. There is a pre-writing activity to help you prepare your ideas and a rubric to check how well you did.

- **Cultura**
  Focuses on the cultural information found throughout each lesson.

- **Comparación cultural**
  In lesson 2: non-leveled pages provide writing support for the activities in the student text.

Vocabulario A ¿Qué te gusta hacer?

> **¡AVANZA!**   **Goal:**   Talk about what you and others like to do.

1 ¿Qué te gusta o no te gusta hacer? Escribe la letra de la oración que corresponde a la pregunta.

1. ____ ¿Qué no te gusta hacer después de la escuela?
2. ____ ¿Qué no te gusta hacer en el parque?
3. ____ ¿Qué te gusta hacer en la computadora?
4. ____ ¿Qué te gusta hacer en la clase de arte?
5. ____ ¿Qué te gusta hacer después de estudiar?

a. Me gusta escribir correos electrónicos.
b. Me gusta descansar.
c. No me gusta hacer la tarea.
d. No me gusta correr.
e. Me gusta dibujar.

2 Escribe el verbo correcto para decir la actividad favorita de estas personas.

montar	comprar	hacer	tocar	preparar	dibujar

1. Al músico profesional le gusta _____ la guitarra.
2. Al artista le gusta _____ .
3. Al alumno estudioso le gusta _____ la tarea.
4. A ias modelos de la moda les gusta _____ ropa (*clothes*).
5. A los cocineros profesionales les gusta _____ comida.
6. A los ciclistas profesionales les gusta _____ en bicicleta.

3 Observa los dibujos y escribe si te gusta o no te gusta hacer las siguientes actividades. Escribe oraciones completas.

  1.   2.   3.   4.   5.

1. _____
2. _____
3. _____
4. _____
5. _____

Vocabulario B *¿Qué te gusta hacer?*

> **¡AVANZA!** **Goal:** Talk about what you and others like to do.

❶ Escribe qué actividades te gusta hacer en cada lugar.

1. En el parque me gusta _____ 2. _____ 3. _____

4. En casa me gusta _____ 5. _____ 6. _____

7. En clase me gusta _____ 8. _____ 9. _____

❷ Mira los dibujos y contesta las preguntas por Alejandro para decir si le gusta o no le gusta hacer la actividad.

Modelo: ¿Te gusta beber jugo?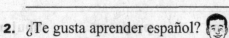
No, no me gusta beber jugo.

1. ¿Te gusta hablar por teléfono?
_____

2. ¿Te gusta aprender español?
_____

3. ¿Te gusta comer helado?
_____

4. ¿Te gusta hacer la tarea después de la escuela?
_____

5. ¿Te gusta pasar un rato con tus amigos?
_____

6. ¿Te gusta beber refrescos?
_____

❸ ¿Qué te gusta hacer en las siguientes ocasiones? Cada afirmación debe ser una oración completa.

1. Cuando hace frío, _____

2. Cuando hace sol, _____

3. Cuando nieva, _____

4. Cuando llueve, _____

5. Cuando hace viento, _____

2 Unidad 1, Lección 1
Vocabulario B

UNIDAD 1 Lección 1
Vocabulario B

¡Avancemos! 1A
Cuaderno para hispanohablantes

Vocabulario C ¿Qué te gusta hacer?

> **¡AVANZA!** **Goal:** Talk about what you and others like to do.

1 Lee cada descripción de las actividades que te gusta hacer. Identifica qué actividad es.

Modelo: Veo mis programas favoritos los lunes y miércoles. Durante el fin de semana veo mi equipo favorito en el canal de deportes. Me gusta *mirar la televisión.*

1. Como mucho y ayudo a mi familia a la hora de comer. Me gusta
   _____ .

2. Voy a muchos conciertos en el parque y compro los discos compactos de mi grupo favorito. Me gusta _____ .

3. Mi autor favorito es Gabriel García Márquez. Después de la escuela voy a la biblioteca. Me gusta _____ .

4. Tengo muchos amigos. No escribo correos eléctronicos porque prefiero hablar con ellos. Me gusta _____ .

5. Juego al fútbol y al béisbol durante la semana. Los fines de semana corro y monto en bicicleta. Me gusta _____ .

2 Contesta las siguientes preguntas sobre tus preferencias con oraciones completas.

1. ¿Qué te gusta hacer después de la escuela?
   _____

2. ¿Qué no te gusta hacer después de la escuela?
   _____

3. ¿Qué te gusta más, escuchar música o ver televisión?
   _____

4. ¿Qué te gusta hacer los sábados por la mañana?
   _____

5. ¿ Qué te gusta hacer el fin de semana con tu familia?
   _____

3 Imagina que vives en Miami. Escríbele un correo electrónico a un amigo o una amiga y cuéntale 3 actividades que te gusta hacer y 2 actividades que no te gusta hacer después de la escuela. También menciona 3 de tus comidas favoritas. ¡Tal vez les gusten las mismas cosas!

_____
_____
_____

Vocabulario adicional

¡AVANZA!	**Goal:**	Use words from different countries to talk about what people like to do or like to eat.

Variaciones regionales

¿Conoces a personas que hablan español pero que son de países diferentes?
En diferentes países y regiones se usan palabras diferentes para referirse a
una misma cosa. Por ejemplo:

el refresco	→ la soda	hablar	→	platicar
la galleta	→ el bizcocho	pasear	→	dar una vuelta
el helado	→ la nieve	las papas fritas	→	las patatas fritas
la patineta	→ el monopatín	alquilar un DVD	→	rentar un DVD
la computadora	→ el ordenador	el jugo	→	el zumo
el tomate	→ el jitomate	mirar la televisión	→	ver la televisión

1 Imagínate que tú eres Fernando. Escribe lo que te gusta hacer según los dibujos.
Usa las variaciones regionales de arriba.

Modelo:  Me gusta *hablar*. Me gusta *platicar*.

    1.   **2.**   **3.**

1. Me gusta andar en _____.   **2.** Me gusta andar en _____.

3. Me gusta escribir en _____. **4.** Me gusta escribir en _____.

5. Me gusta beber _____   **6.** Me gusta beber _____.

2 Escribe tres comidas o actividades que tengan diferente nombre en dos
o más regiones.

                Modelo: *pastel*   **Modelo:** *torta*

_____   _____

_____   _____

_____   _____

Gramática A *Subject pronouns and* **ser**

¡AVANZA!	**Goal:** Say who people are and where they are from.

① Elige el pronombre personal correcto para cada oración.

1. _____ Ustedes		**a.**	es de los Estados Unidos.
2. _____ Tú		**b.**	eres de Florida.
3. _____ Nosotros		**c.**	son de Puerto Rico.
4. _____ Yo		**d.**	soy de California.
5. _____ Él		**e.**	somos de México.
6. _____ Ellos		**f.**	son de Nueva York.

② Completa el párrafo con el pronombre correspondiente.

Me llamo Catalina. **1.** _____ soy de Miami y mi mejor amiga se llama Carla.
2. _____ es de Los Ángeles. **3.** _____ somos estudiantes en la escuela
secundaria. Mis padres viven en Florida. **4.** _____ son de origen cubano. A mi
madre le gusta preparar la comida. **5.** _____ es muy buena cocinera. Y
6. _____, ¿de dónde eres?

③ Identifica a las personas de las ilustraciones y escribe de dónde son.
Sustituye sus nombres por los pronombres personales correspondientes y
escribe oraciones completas.

Modelo:  *Él es de Colombia.*

Pablo

1. Carolina y Rosita

2. Tomás   **3. Alejandro y yo**

4. Alicia y Andrés

1. _____

2. _____

3. _____

4. _____

UNIDAD 1 Lección 1 Gramática A

Gramática B *Subject pronouns and* ser

Level 1A Textbook pp. 38–43

> **¡AVANZA!** **Goal:** Say who people are and where they are from.

1 Relaciona cada oración sobre las actividades de las siguientes personas con su pronombre personal.

1. Mi papá y yo vamos a comer pizza. ____   **a.** ellos
2. La señora Ruíz y su hija van a comprar comida. ____   **b.** yo
3. Quiero comprar un nuevo DVD. ____   **c.** ustedes
4. Eres una persona muy inteligente. ____   **d.** ellas
5. Rodolfo y sus amigos juegan al futbol en la calle. ____ **e.** tú
6. ¿Escuchan música tú y tu amigo? ____   **f.** nosotros
7. Mi primo es el campeón de patineta de su escuela. ____ **g.** él

2 Completa el párrafo que escribió un estudiante. Usa la forma correcta del verbo *ser*.

Me llamo Ricardo Heredia. Estudio en la escuela George Washington. Mi familia
1. _____ de Colombia. Nosotros **2.** _____ cinco personas: mis padres,
mi hermana Rosario, mi hermano Toño y yo. Mi padre **3.** _____ ingeniero y
trabaja en construcción. Mi madre **4.** _____ dentista y trabaja en una clínica
dental. Mis dos hermanos **5.** _____ de Arizona, pero yo **6.** _____ de
la Florida. Mi familia y yo **7.** _____ muy unidos y nos gusta mucho vivir en
Miami. ¿Y de dónde **8.** _____ tú y tu familia?

3 Escribe de dónde son estas personas. Sustituye sus nombres por los pronombres personales correspondientes y escribe oraciones completas.

Modelo: Carlos / Puerto Rico
Él es de Puerto Rico.

1. Alejandro y tú / Honduras

_____

2. Sra. López y ella / Guatemala

_____

3. Darío y ellas / España

_____

4. Tú y yo / Chile

_____

5. Alicia / Colombia

_____

Gramática C *Subject pronouns and ser*

> **¡AVANZA!** **Goal:** Say who people are and where they are from.

1 La madre de Luisa Sánchez describe así a su familia. Usa la forma correcta del verbo **ser**.

Me llamo Gloria Sánchez y vivo con mi familia en Fort Lauderdale, Florida.
Nosotros **1.** _____ cuatro personas: mi esposo, mi hija Luisa y mi hijo
Federico. Mi esposo **2.** _____ ingeniero y trabaja en la universidad. Mi
hija Luisa **3.** _____ estudiante de secundaria y es muy bonita. Mis hijos
no nacieron en Florida. Luisa **4.** _____ de Colorado, mientras que mi hijo
Federico **5.** _____ de California. Mis dos hijos **6.** _____ mi felicidad.
Mi familia y yo **7.** _____ muy unidos y nos gusta mucho vivir en Florida,
aunque mis padres **8.** _____ de Uruguay y viven allá.

2 Responde a las siguientes preguntas con oraciones completas. Usa el pronombre personal.

Modelo: ¿De dónde es la maestra de español? (Miami)

Ella es de Miami.

1. ¿De dónde eres? (Florida)

_____

2. ¿De dónde son tus abuelos? (España)

_____

3. ¿De dónde es David? (Los Ángeles)

_____

4. ¿De dónde es Juanita? (México)

_____

5. ¿De dónde son Carolina y Alina? (Argentina)

_____

3 Escribe un párrafo corto para tu sitio Web. Di de dónde eres y de dónde son otros miembros de tu familia.

_____

_____

_____

_____

_____

UNIDAD 1 Lección 1 **Gramática C**

Gramática A Gustar

> **¡AVANZA!**   **Goal:**   Talk about what you and others like to do.

1 Empareja cada oración sobre los gustos de estas personas con su verbo correspondiente.

1. A nosotros _____ mirar la televisión.	**a.** les gusta
2. A él _____ escuchar música.	**b.** me gusta
3. A ti _____ gusta leer.	**c.** le gusta
4. A mí _____ correr.	**d.** te gusta
5. A ellos _____ jugar al fútbol.	**e.** nos gusta

2 Completa las siguientes oraciones con la forma correcta del verbo **gustar** de acuerdo con la información de la primera línea.

Modelo: Ella: estudiar

A ella _le gusta_ estudiar.

1. Yo: andar en patineta

A mí _____ andar en patineta.

2. Nosotros: hablar por teléfono

A nosotros _____ hablar por teléfono.

3. Usted: correr en el parque

A usted _____ correr en el parque.

4. Tú: alquilar un DVD

A tí _____ alquilar un DVD.

5. Ellos: pasar un rato con los amigos

A ellos _____ pasar un rato con los amigos.

6. Ustedes: preparar la comida

A ustedes _____ preparar la comida.

3 Escribe cinco preguntas para las siguientes personas. Pregúntales si les gusta hacer actividades específicas después de hacer otras actividades. Usa el vocabulario de la lección.

Modelo: Al maestro de español

Después de la escuela,   ¿le gusta a usted correr en el parque?

1. A un grupo de chicas _____

2. A tu mejor amigo(a) _____

3. A una amiga de tus padres _____

4. A tu hermano menor _____

Nombre _____ Clase _____ Fecha _____

Gramática B _Gustar_

Level 1A Textbook pp. 44–47

> **¡AVANZA!** **Goal:** Talk about what you and others like to do.

① Completa el párrafo con los pronombres correctos.

Me llamo Pablo Morales. A mí **1.** _____ gusta mucho ir al parque. A mis
amigos **2.** _____ gusta practicar deportes en el parque y a todos nosotros
3. _____ gusta pasar un rato allí. Mi mejor amigo Antonio no juega bien al
fútbol. A él no **4.** _____ gusta correr. En realidad, a Antonio **5.** _____
gusta pasear en el parque. Y a tí, ¿qué **6.** _____ gusta hacer?

② Escribe lo que les gusta hacer a las personas de los dibujos. Reemplaza los nombres
de las personas por pronombres personales.

Modelo:

A ellos les gusta jugar al fútbol.

Pedro y Juan

1. Clara **2. Rocío y yo** **3. Mateo** **4. Héctor**

1. _____

2. _____

3. _____

4. _____

③ Menciona una actividad que le gusta hacer y una que no le gusta hacer a cuatro
personas de tu familia. Emplea oraciones completas para contestar.

Modelo: *A mi hermana le gusta estudiar pero no le gusta trabajar.*

1. _____

2. _____

3. _____

4. _____

UNIDAD 1 Lección 1 Gramática B

Gramática C *Gustar*

¡AVANZA!   **Goal:**   Talk about what you and others like to do.

1 Escribe oraciones completas para indicar lo que les gusta hacer a estas personas. Usa las palabras de la lista de acuerdo con sus gustos.

fútbol	teléfono	televisión
patineta	comida	música

Modelo: A mi hermano le gusta mirar la televisión.

1. A mis amigos _____

2. A ti _____

3. A nosotros _____

4. A los cocineros de los restaurantes _____

5. A la / Al recepcionista de la escuela _____

2 Escribe una pregunta para cada respuesta de acuerdo con los dibujos. Sigue el modelo.

Modelo:

¿Te gusta leer libros?

Sí, me gusta leer libros.

1.   2.   3.   4.

1. Pregunta: ¿ _____ ?
   Respuesta: No, no me gusta montar en bicicleta.

2. Pregunta: ¿ _____ ?
   Respuesta: Sí, nos gusta descansar después de la escuela.

3. Pregunta: ¿ _____ ?
   Respuesta: Sí, me gusta dibujar.

4. Pregunta: ¿ _____ ?
   Respuesta: Sí, nos gusta pasear en el parque.

Gramática C   UNIDAD 1 Lección 1

Gramática adicional

¡AVANZA!	**Goal:** Use exclamation points and question marks in Spanish.

Los signos de interrogación y exclamación

- En español, cuando se escribe una pregunta, se deben usar dos signos de interrogación, uno al principio y otro al final de la oración (¿?).
- En español, cuando se escribe una oración exclamativa, se deben usar dos signos de admiración, uno al principio y otro al final de la oración (¡!).

Ejemplos:

Oraciones interrogativas	Oraciones exclamativas
¿Te gusta la pizza?	*¡Qué playa tan linda!*
¿De dónde eres?	*¡Felicidades!*
¿Cuántos años tienes?	*¡Qué sorpresa!*

❶ Escribe una pregunta para cada una de las siguientes respuestas.

Modelo: Somos de México.

   ¿De dónde son ustedes?

1. Me llamo Patricia.

_____

2. Me gusta salir con mis amigos los fines de semana.

_____

3. Muy bien, gracias.

_____

4. Mi nombre se escribe L-I-S-A.

_____

❷ Estudia los dibujos. Luego, escribe una oración exclamativa para cada uno.

   Modelo   **1.**   **2.**   **3.**

Modelo: _¡Felicidades!_

1. _____

2. _____

3. _____

Integración: Hablar

| ¡AVANZA! | **Goal:** Respond to written and oral passages about likes and dislikes. |

Una estudiante de México va a pasar un año en tu escuela. Lee el siguiente correo electrónico.

Fuente 1 Leer

○○○   ⬭

A: amigo5@hayoo.hmh.net

DE: Mimí

SUJETO: un año fabuloso

Creo que pasar un año en otro país es fabuloso. Me gusta aprender inglés y hacer nuevos amigos. También me gusta escuchar música y mi cantante favorita es Shakira. Tengo todos sus discos. Yo practico sus canciones en la guitarra. Hace tres años que estudio guitarra. Después de la escuela me gusta practicar deportes con mis amigos. Soy una chica muy activa. Hoy no te puedo escribir más. Tengo que hacer la tarea y estudiar. Gracias por tu ayuda y nos vemos muy pronto.

Mimí

Escucha el siguiente mensaje. Toma apuntes y responde a las preguntas de manera oral.

Fuente 2 Escuchar

HL CD 1, tracks 1–2

¿Por qué Mimí está preocupada? ¿Te gustaría ser una persona activa como ella? Explica tu respuesta.

Integración: Escribir

| ¡AVANZA! | **Goal:** Respond to written and oral passages about likes and dislikes. |

Un programa de estudios te da información sobre las actividades de este año. Lee el programa y selecciona las actividades o las clases que te gustaría tomar.

Club de Veraneo Bahía Kino

¡Educación con emoción!

Hacer la tarea no va a ser lo mismo después de un mes con nosotros. ¿Quieres aprender español? ¿Necesitas repasar tus matemáticas? Nuestros tutores y profesores bilingües son recomendados por las mejores escuelas de los Estados Unidos. Y en tus ratos libres... ¡tus ratos libres son para divertirte!

Clases y actividades disponibles: Español 1 y 2, Inglés, Matemáticas, Álgebra, Cálculo, Química, Física, Natación, Guitarra, Fútbol, Computadoras

Escucha con atención el siguiente anuncio. Toma notas y luego completa la actividad.

HL CD 1, tracks 3–4

Escribe un párrafo para dar tu opinión acerca del programa ¡Educación con emoción! En el mismo párrafo escribe si te gustaría participar en el concurso de becas del audio y por qué.

_____
_____
_____
_____
_____

Lectura A

| ¡AVANZA! | **Goal:** Use adjectives to describe yourself and others. |

1 Lee la carta y completa las actividades a continuación.

> ¡Hola! Me llamo Manuel Escobar y soy estudiante de secundaria en Las Cruces, Nuevo México. Mis padres son mexicanos pero mis hermanos y yo somos de Texas. A nosotros nos gusta hablar español y preparar comida mexicana. También me gustan los deportes. Me gusta montar en bicicleta pero me gusta más jugar al fútbol. Juego todos los días y por eso me gusta descansar los sábados y domingos. No me gusta trabajar esos días y tampoco (*neither*) me gusta hacer la tarea. Cuando descanso me gusta mirar la televisión y llamar a mis amigos por teléfono. Los sábados por la noche me gusta estar en casa con mi familia porque me gusta mucho la comida que preparan mis padres.

2 ¿**Comprendiste?** Escoge la frase o palabra que completa cada oración correctamente.

   1. Manuel y sus hermanos son de _____ .
     a. Nuevo México.
     b. México.
     c. Texas.
     d. Las Cruces.

   2. A Manuel _____ la lengua de sus padres.
     a. no le gusta hablar
     b. lee muy bien
     c. no escribe bien
     d. le gusta hablar

   3. Después de jugar al fútbol todos los días, Manuel _____ .
     a. hace la tarea.
     b. desea estar con su familia.
     c. desea descansar.
     d. pasa un rato con sus amigos.

3 ¿**Qué piensas?** Compara tu familia con la familia de Manuel. ¿En qué son similares? ¿En qué son diferentes?

_____

_____

_____

_____

Lectura B

| ¡AVANZA! | **Goal:** Read about the activities that people like to do. |

1 Lee la siguiente descripción y completa las actividades a continución.

Mis vacaciones en Colombia

Me llamo Lucía Ardilas y soy de Kansas, pero mis papás son de Colombia. Cada verano me gusta ir de vacaciones a visitar a mis abuelos en su hacienda en el sur de Colombia. Mis papás son de una ciudad llamada Neiva. Cuando estoy en la casa de mis abuelos me gusta correr por las mañanas y pasear por el campo por las tardes. Todos los días, me gusta ayudar a mi abuela a preparar la comida. No hay pizza ni refrescos, pero sí hay mucha fruta. Me gusta comer arroz, frijoles, carne asada y yuca. Nos gusta beber jugos de fruta y café, que es el mejor del mundo. Todo es natural y muy rico. En la hacienda no me gusta hablar por teléfono ni escribir correos electrónicos. Me gusta más tocar la guitarra, escuchar música colombiana y leer. Por las noches me gusta descansar y mirar la televisión de Colombia porque es muy divertida. También me gusta pasar un rato con mis primos y conversar, para practicar mi español. Todos somos muy felices durante el verano. ¡Me gusta ir todos los veranos!

2 **¿Comprendiste?** Contesta las siguientes preguntas usando el vocabulario del texto:

1. ¿Dónde viven los abuelos de Lucía? ¿Cómo lo sabes?

_____

_____

2. ¿Qué come Lucía cuando está en casa de sus abuelos?

_____

3. ¿Cómo es diferente lo que hace Lucía en la hacienda de lo que hace en Kansas? Explica tu respuesta.

_____

_____

_____

3 **¿Qué piensas?** ¿Qué te gusta hacer durante el verano? De las actividades que hace Lucía, ¿cuáles te gusta hacer a ti también?

_____

_____

_____

_____

Lectura C

¡AVANZA! **Goal:** Read about the activities that people like to do.

1 Lee la siguiente descripción y completa las actividades a continuación.

¡Hola! Me llamo Daniela Pacheco y tengo doce años. Vivo en Des Moines, Iowa, con mis padres y mi hermano Mateo. Él y yo somos estudiantes de secundaria. Mi papá es programador de computadoras y mi mamá vende casas. Hace cuatro años mi papá vino a trabajar en este país, así que nos mudamos todos juntos. En este país mi vida es muy diferente de como era en Venezuela.

Recuerdo mi vida en Puerto La Cruz. Casi todo el año hacía calor. Por las tardes me gustaba salir a jugar con mis amigos. Nos gustaba andar en patineta, jugar al fútbol, montar en bicicleta, pasear y correr por la playa. Mi papá y yo practicábamos muchos deportes en el parque.

En Des Moines el invierno es frío y largo, y el verano es caluroso y corto. Durante el invierno, me gusta quedarme en casa para dibujar, escribir correos electrónicos y leer. También me gusta tocar la guitarra. A mi mamá le gusta cantar cuando toco la guitarra. Durante el verano hacemos excursiones en el bosque cercano.

La comida de Estados Unidos es muy diferente de la de Venezuela. Allá a la gente le gusta comer arepas, arroz con caraotas (frijoles negros), carne asada, plátano frito y mucha fruta. Aquí, a la gente le gusta comer hamburguesas, pizza, papas fritas, pasta y muchos platos de otros países: he probado la comida china, japonesa, mexicana e italiana. Me gusta este país porque hay gente de todo el mundo. En mi salón de clase hay compañeros de muchos países también. ¡A todos nos gusta el helado!

Me gusta hablar inglés pero no quiero olvidar mi lengua materna, el español. Mis padres quieren que sólo hablemos español en casa. Creo que ser bilingüe en este país es bueno, ya que aquí vive mucha gente que habla español. Cuando crezca, quiero ser reportera y así informar en mis dos idiomas.

Unidad 1, Lección 1
Lectura C

16

¡Avancemos! 1A
Cuaderno para hispanohablantes

UNIDAD 1 Lección 1

Lectura C

② ¿Comprendiste?

1. ¿Cómo es diferente el clima de Puerto La Cruz al de Des Moines?

_____

_____

2. ¿Cuáles son las actividades que le gusta hacer a Daniela durante los inviernos en Des Moines?

_____

_____

3. ¿Qué comidas ha probado Daniela en los Estados Unidos?

_____

_____

4. ¿Cómo quiere usar Daniela sus dos idiomas cuando sea mayor?

_____

_____

③ ¿Qué piensas? ¿ Te gusta practicar el idioma español? Escribe algunas actividades en las que podrías conversar, leer o escribir en español.

_____

_____

_____

_____

Escritura A

> **¡AVANZA!** **Goal:** Write about yourself and the activities that you like and dislike.

1 Quieres entrar en el club de español de tu escuela y te dicen que tienes que escribir sobre tus gustos. Escribe lo que te gusta hacer y lo que no te gusta hacer.

A mí me gusta...	A mí no me gusta...

2 Llena esta forma de «Gustos y preferencias» del club de español con oraciones completas. Usa la información de la tabla para organizar tus ideas.

Río Grande High School **Club de Español** **Formulario de Gustos y Preferencias**

Escribe tres cosas que te gusta hacer:

_____
_____
_____

Escribe tres cosas que no te gusta hacer:

_____
_____
_____

3 Evalúa tu respuesta a la Actividad 2 usando la siguiente información.

	Crédito máximo	**Crédito parcial**	**Crédito mínimo**
Contenido	Escribiste seis oraciones completas sobre tus gustos.	Escribiste menos de seis oraciones sobre tus gustos. Algunas no son oraciones completas.	Escribiste menos de cuatro oraciones sobre tus gustos. Éstas no son oraciones completas.
Uso correcto del lenguaje	Tuviste muy pocos errores o ninguno en el uso del lenguaje y la ortografía.	Hay muchos errores en el uso del lenguaje y la ortografía.	Hay un gran número de errores en el uso del lenguaje y la ortografía.

Escritura B

¡AVANZA!	**Goal:** Write about yourself and the activities that you like and dislike.

Tu escuela tiene elecciones para nombrar a su presidente, vice-presidente, secretario y tesorero. Tú eres candidato para una de estas posiciones. Escoge una posición y escribe una carta a la directora de tu escuela para presentarte.

1 Responde a estas preguntas para preparar tu carta:

a. Nombre _____   **b.** Posición que quieres ganar _____

c. Tres adjetivos que describen tu carácter _____

d. Tres actividades que te gusta hacer

    1. Actividad: _____

    2. Actividad: _____

    3. Actividad: _____

2 Ahora, escribe tu carta y usa la información en la Actividad 1 como guía. Escribe seis oraciones completas en las que expresas: 1) quién eres; 2) qué posición quieres ganar; 3) cómo eres y 4) tres cosas que te gustan.

Estimada directora:

_____

_____

_____

_____

_____

3 Evalúa tu respuesta a la Actividad 2 usando la siguiente información.

	Crédito máximo	**Crédito parcial**	**Crédito mínimo**
Contenido	Escribiste una carta con seis oraciones que incluyen la información necesaria.	Escribiste una carta con menos de seis oraciones completas y falta alguna información necesaria.	En tu carta sólo escribiste unas cuantas oraciones, completas o incompletas, y falta casi toda la información necesaria.
Uso correcto del lenguaje	Tuviste muy pocos errores o ninguno en el uso del lenguaje y la ortografía.	Tuviste muchos errores en el uso del lenguaje y la ortografía.	Tuviste un gran número de errores en el uso del lenguaje y la ortografía.

Escritura C

¡AVANZA!	**Goal:** Write about yourself and the activities that you like and dislike.

Eres nuevo(a) en la escuela. Te invitan a un club para hacer amigos y quieren que escribas una carta breve para presentarte. Sigue estos pasos:

1 Para preparar tu carta, completa la tabla con tu información:

a. Nombre: _____

b. Lugar de nacimiento: _____

c. Origen (¿De dónde es tu familia?): _____

d. Tus actividades favoritas, por qué te gustan, y dónde y cuándo te gusta hacerlas. ____

_____

_____

_____

2 Escribe la carta. Usa la información de la Actividad 1 para organizar tus ideas. Asegúrate de que tu carta tenga: (1) saludo, (2) introducción, (3) tres oraciones completas con la información que deseas comunicar, (4) despedida y firma.

_____

_____

_____

_____

_____

_____

_____

_____

_____

3 Evalúa tu respuesta a la Actividad 2 usando la siguiente información.

	Crédito máximo	**Crédito parcial**	**Crédito mínimo**
Contenido	Escribiste tres oraciones completas que incluyen toda la información necesaria.	Escribiste menos de tres oraciones completas, por lo que falta alguna información necesaria.	Sólo escribiste unas cuantas oraciones, completas o incompletas, y falta casi toda la información necesaria.
Uso correcto del lenguaje	Tuviste muy pocos errores o ninguno en el uso del lenguaje y la ortografía.	Tuviste algunos errores en el uso del lenguaje y la ortografía.	Tuviste un gran número de errores en el uso del lenguaje y la ortografía.

Cultura A

| ¡AVANZA! | **Goal:** | Use and strengthen cultural information about the Hispanic culture in the United States. |

1 Lee la información cultural de tu libro para subrayar la respuesta correcta sobre la cultura hispana en Texas y Miami.

1. Se conoce por sus restaurantes, cafés y tiendas cubanos.

Calle Ocho San Antonio Nueva York

2. Lugar donde vive principalmente la comunidad cubano-americana de Miami.

La Villita La Pequeña Habana Fiesta San Antonio

3. Es una escritora muy famosa de origen hispano.

Gloria Estefan Shakira Sandra Cisneros

4. Es un ejemplo de música cubana.

Mambo Cumbia Rock and Roll

2 Usa la información en tu libro para responder a las siguientes preguntas acerca de la cultura hispana de Estados Unidos. Contesta con oraciones completas.

1. ¿Cuáles son algunas de las comidas latinas que se comen en Estados Unidos?

_____

_____

2. ¿Cuál es la ciudad que tiene el mayor número de latinos?

_____

3. ¿Cuándo se celebra el Mes de la Herencia Hispana en Estados Unidos?

_____

3 Escribe tres tradiciones o festividades latinas que conozcas.

1. _____

2. _____

3. _____

Cultura B

 ¡AVANZA! **Goal:** Use and strengthen cultural information about the Hispanic culture in the United States.

❶ Usa la información de tu libro para responder con oraciones completas a las siguientes preguntas sobre la comunidad hispana en Estados Unidos.

1. ¿En qué idioma se transmiten los Premios Juventud por la televisión?
_____

2. ¿Qué puede visitar la gente que va a la Calle Ocho en Miami?
_____

3. ¿Qué ciudad cuenta con el mayor porcentaje de latinos?
_____

4. Menciona algunos ritmos de música latina que conozcas.
_____

5. ¿En dónde se realizan muchos de los eventos de Fiesta San Antonio?
_____

❷ Escribe una oración completa que describa cada una de las siguientes celebraciones.

1. La Pequeña Habana
_____
_____

2. Fiesta San Antonio
_____
_____

3. Premios Juventud
_____
_____

❸ ¿Qué comidas latinas menciona tu libro? Menciona alguna comida latina que hayas comido. ¿Te gustó? ¿Por qué? Escribe un párrafo corto para describirla.
_____
_____
_____

UNIDAD 1 Lección 1

Cultura B

22

Unidad 1, Lección 1
Cultura B

¡Avancemos! 1A
Cuaderno para hispanohablantes

Cultura C

¡AVANZA!	**Goal:**	Use and strengthen cultural information about the Hispanic culture in the United States.

1 Completa la siguiente tabla con dos oraciones completas que informen sobre cada uno de las siguientes ilustraciones que aparecen en tu libro.

El mapa de Estados Unidos en la página 28	1. _____ 2. _____
El cuadro "Música" de Xavier Cortada en la página 44	1. _____ 2. _____

2 Responde con oraciones completas las siguientes preguntas sobre el tema que aprendiste relacionado con la cultura latina.

1. ¿Qué tipo de celebraciones latinas se celebran en la ciudad donde vives?

_____

_____

2. ¿Hay alguna actividad o celebración que realiza tu escuela para celebrar la herencia hispana?

_____

_____

3. ¿Qué tipo de celebraciones realizan otros grupos culturales en la ciudad donde vives?

_____

_____

3 Los países latinoamericanos tienen diferentes celebraciones que quizá no son muy conocidas en Estados Unidos. Escribe un párrafo corto sobre una celebración latinoamericana que conozcas.

_____

_____

_____

_____

Vocabulario A *Mis amigos y yo*

> **¡AVANZA!** **Goal:** Use adjectives to describe yourself and others.

1 Mira estos dibujos de unos amigos de Paco y describe a cada persona con los adjetivos del cuadro.

| **1. Miguel** | **2. Gerardo** | **3. Ana** | **4. Rosa** | **5. Roberto** | **6. Fabiana** |

| cómico | desorganizada | trabajador | atlética | simpático | seria |

1. Miguel es _____ .   4. Rosa es _____ .

2. Gerardo es _____ .   5. Roberto es _____ .

3. Ana es _____ .   6. Fabiana es _____ .

2 Gustavo describe a los chicos(as) de su clase. Elige el adjetivo correcto para describir a cada uno(a).

1. Juan no es alto: es _____ .

2. A Daniela le gusta la clase de arte. Ella es _____ .

3. Dos estudiantes nuevos sacan muy buenas notas. Ellos son _____ .

4. A Paco y a Mariana no les gusta trabajar. Ellos son _____ .

3 Tus compañeros de clase tienen características opuestas. Escribe oraciones para compararlos.

Modelo: Alfredo: trabajador / Juan
Alfredo es trabajador pero Juan es perezoso.

1. Ángela: cómica / Teresa

_____

2. Yo / organizado(a) / Tú:

_____

3. Guillermo: viejo / Agustín

_____

4. Bárbara: alta / Gregorio y Carmen

_____

Vocabulario B *Mis amigos y yo*

¡AVANZA!	**Goal:** Use adjectives to describe yourself and others.

1 María describe a su familia. Escribe en el espacio en blanco la letra que corresponde a cada descripción.

1. Mi mamá no es vieja. Es _____   **a.** un hombre bueno.

2. Mi papá es muy simpático. Es _____   **b.** un chico malo.

3. Mi hermana es guapa. Es _____   **c.** unos chicos organizados.

4. Mi hermanito no es bueno. Es _____   **d.** una mujer joven.

5. A mí me gusta crear todo tipo de arte. Soy _____   **e.** una chica bonita.

6. Mis compañeros no son desorganizados. Son _____   **f.** una chica artística.

2 Mabel describe a su amiga Alicia. Escoge las palabras correctas para completar la descripción.

Alicia y yo somos **1.** (buenas / estudiosa) amigas. Alicia es una joven muy

2. (vieja / simpática). Le gusta jugar tenis. Por eso es **3.** (perezosa / atlética). Ella es

4. (organizada / pelirroja) en la clase. Siempre estudiamos juntas, porque ella es muy

5. (perezoso / inteligente) y **6.** (trabajadora / grande).

3 Escribe seis oraciones completas para describir a las siguientes personas.

1. Mi mejor amigo(a) _____

2. Mi profesor(a) de español _____

3. Mis compañeros de clase _____

4. Yo _____

5. Mi familia _____

6. El director de mi escuela _____

UNIDAD 1 Lección 2 Vocabulario B

Vocabulario C *Mis amigos y yo*

¡AVANZA!	**Goal:** Write about yourself and the activities that you like and dislike.

1 Mira las personas de los dibujos. Escribe oraciones completas para describirlas.

1. **Alberto y Luis**   2. **La abuela y Paula**   3. **Tomás y Juan**   4. **Irene y Esteban**

1. _____

2. _____

3. _____

4. _____

2 Escribe cuatro oraciones completas para describir las diferencias y semejanzas entre tú y tu mejor amigo(a).

Diferencias:

1. _____

2. _____

Semejanzas:

3. _____

4. _____

3 Tus padres darán hospedaje a un estudiante que viene a estudiar inglés este verano. Escríbele un correo electrónico de cinco oraciones completas para describir a tu familia.

A:
DE:

Vocabulario adicional

¡AVANZA!	**Goal:** Use verbs like *gustar* to express likes and dislikes.

Verbs like *gustar*

- Ya has aprendido a usar la forma «Me gusta» o «No me gusta». Por ejemplo: **Me gusta** el helado. **No me gusta** la pizza.

- Las siguientes son otras expresiones que tienen un significado similar a «Me gusta» o «No me gusta»:

  Me apetece... I feel like . . .   **Me interesa...** I am interested in . . .

  Me agrada... I like . . .   **Me importa...** It matters to me . . .

  Me encanta... I love . . .   **Me fascina...** It fascinates me . . .

  Me aburre... It bores me . . .   **Me molesta...** It bothers me . . .

- El pronombre **me** en **me gusta** se puede reemplazar por otros pronombres como **te, le, nos** y **les**. Por ejemplo: ¿**Te gusta** leer un libro? o A Pablo **le gusta** escuchar música.

❶ Tu profesor(a) hace preguntas sobre lo que a los alumnos les gusta de la escuela. Usa expresiones de la lista anterior para decir lo que les gusta.

1. A Juanita _____ la clase de español.

2. A José y Carmen _____ ser organizados.

3. A Carlos y a mí _____ practicar deportes.

4. A Luz _____ beber agua.

5. A Santiago _____ trabajar después de estudiar.

❷ Unos familiares de otro país te visitan. Quieren conocer tu ciudad y tú les haces recomendaciones. Escribe cinco oraciones con las expresiones de la lista de arriba.

Modelo: *Si les apetece la comida mexicana, visiten el restaurante El Gavilán.*

_____

_____

_____

_____

_____

Gramática A Definite and indefinite articles

> **¡AVANZA!** **Goal:** Use definite and indefinite articles in different contexts.

1 Rosa les muestra unas fotos a sus padres y les habla sobre sus amigos. Elige el artículo definido para completar cada oración.

Modelo: Manolo es (el)/ los) hombre guapo de la clase.

1. Mariel es (la / las) chica estudiosa de la clase.

2. Jacobo y Martín son (las / los) chicos perezosos de la clase.

3. Clara es (la / el) chica más baja del grupo.

4. Sebastián es (los / el) chico más alto de la clase.

5. Elena y Miriam son (las / los) dos chicas organizadas.

2 David le presenta unos amigos a Gonzalo. Completa los diálogos con el artículo indefinido que corresponde.

un	una	unos	unas

Modelo: David: ¿Te acuerdas de Mario?

Gonzalo: Sí, es _un_ joven pelirrojo.

1. David: ¿Te acuerdas de Amalia?

Gonzalo: Sí, es _____ chica alta.

2. David: ¿Te acuerdas de Federico?

Gonzalo: Sí, es _____ chico estudioso.

3. David: ¿Te acuerdas de la señora Muñoz y la señora Alvarado?

Gonzalo: Sí, son _____ personas simpáticas.

4. David: ¿Te acuerdas de Francisco y Sebastián?

Gonzalo: Sí, son _____ chicos cómicos.

3 Mariela le muestra una foto a Mónica y le cuenta quiénes son esas personas. Completa las oraciones con artículos definidos e indefinidos.

Lucía es **1.** _____ amiga de mi familia. Ella está de vacaciones en **2.** _____ playa de la Florida. A ella le gustan **3.** _____ personas simpáticas. Ella es **4.** _____ chica cómica y artística. **5.** _____ otros chicos de la foto son Mirta y Juan. Ellos son **6.** _____ mejores amigos de Lucía. Mirta es **7.** _____ chica atlética y Juan es **8.** _____ chico muy alto. **9.** _____ tres amigos están muy contentos en **10.** _____ viaje.

Gramática B *Definite and indefinite articles*

Level 1A Textbook pp. 66–71

¡AVANZA! **Goal:** Use definite and indefinite articles in different contexts.

1 Elige el artículo correcto y escríbelo en el espacio para completar las descripciones de los amigos de Juan.

el	la	los	las	un	una	unos	unas

Modelo: A David le gusta tocar _la_ guitarra.

1. Vamos a preparar _____ tacos deliciosos.
2. _____ señora Amelia López es una mujer artística.
3. Mi amiga Sandra es _____ chica muy bonita.
4. A Miguel le gusta pasar un _____ rato con los amigos.
5. _____ nuevo estudiante de mi clase es guapo.
6. Me gusta mirar _____ películas de cómicos en DVD.
7. Todos _____ maestros de español son simpáticos.
8. Alicia y Sandra García son _____ chicas muy serias.

2 La profesora Suárez describe su salón y a sus estudiantes de español. Completa cada oración con el artículo correcto.

Modelo: _El_ libro de español es grande.

1. _____ chicos del salón son desorganizados.
2. Javier y Matías hacen _____ tarea de historia.
3. _____ salón de clase debe estar organizado.
4. Todos _____ estudiantes de la clase de deportes son atléticos.
5. Dos chicas del salón tienen _____ pelo castaño.

3 Escribe oraciones completas sobre tus amigos usando cada uno de los artículos.

Modelo: unos *Luis y Alejandro son unos chicos serios.*

1. una _____
2. los _____
3. un _____
4. el _____
5. unas _____
6. la _____

Gramática C *Definite and indefinite articles*

¡AVANZA!	**Goal:** Use definite and indefinite articles in different contexts.

1 Emilia escribe sobre lo que les pasó a sus amigas. Completa el párrafo con artículos indefinidos (un, una, unos, unas):

Susana y Lina eran **1.** _____ jóvenes muy simpáticas. Estudiaban en **2.** _____ escuela lejos de la ciudad. Hacían muchas cosas juntas. Siempre tenían **3.** _____ tema para conversar. Durante **4.** _____ meses, tomaron clases de baile juntas. Eran inseparables. Pero **5.** _____ día todo cambió. Llegó **6.** _____ estudiante nuevo. Era **7.** _____ chico alto y muy simpático, aunque **8.** _____ poco serio....

2 Escribe cinco oraciones sobre la gente de tu escuela. Usa artículos definidos y subráyalos. Usa el vocabulario de la lección.

Modelo: *La profesora de matemáticas tiene el pelo castaño.*

1. _____

2. _____

3. _____

4. _____

5. _____

3 Ahora, escribe otro párrafo para continuar la historia que comenzó a escribir Emilia. Usa artículos definidos e indefinidos en las oraciones y el vocabulario de la lección.

Modelo: *El chico se llamaba Antonio. Su casa estaba cerca de la escuela. Una mañana, Antonio se dio cuenta de que Lina era una chica muy trabajadora...*

_____

_____

_____

UNIDAD 1 Lección 2 — Gramática C

Gramática A _Noun–adjective agreement_

> **¡AVANZA!**   **Goal:** Practice noun–adjective agreement while describing people and things.

1 Matías y Carolina quieren describir a la gente y lugares en su escuela nueva. Conecta las palabras de la primera columna con el adjetivo que corresponde en la segunda columna.

Modelo: director ———————➔ serio

la escuela	trabajadores
las chicas	simpática
el hombre	perezosas
la maestra	grande
los chicos	pelirrojo

2 Subraya el adjetivo que describe correctamente a las siguientes personas.

Modelo: El pintor es un hombre muy (artística / <u>artístico</u>).

1. El Sr. Benito es un profesor (cómica / cómico).

2. Adela y Juanita son dos chicas (atlética / atléticas).

3. Mi padre es un hombre (bajo / baja).

4. La profesora de inglés es (simpáticos / simpática).

5. Mi tío Jorge es un hombre (altas / alto).

6. Diego es muy (guapa / guapo).

3 El padre de Marcia le hace preguntas sobre la escuela. Responde con la palabra opuesta (*the opposite*).

Modelo: ¿Cómo son los estudiantes, trabajadores?

   No, los estudiantes son perezosos .

1. ¿Cómo es el director, cómico?

   No, el director es muy _____ .

2. ¿Cómo es el aula de tu clase de español, pequeña?

   No, el aula de mi clase de español es _____ .

3. ¿Cómo es tu amiga Ana, baja?

   No, mi amiga es _____ .

4. ¿Cómo eres tú en tus clases, desorganizada?

   No, yo soy muy _____ .

5. Y el profesor de tu clase de teatro, ¿es muy serio?

   No, es muy _____ .

Gramática B *Noun–adjective agreement*

> **¡AVANZA!** **Goal:** Practice noun–adjective agreement while describing people and things.

❶ Escribe tres adjetivos correspondientes de la lista en los blancos que corresponden para describir a las siguientes personas.

trabajadoras	estudiosos	organizadas	alta
joven	buena	simpáticos	atlético
bonitas	guapo	cómica	pelirrojos

Modelo: chica	*buena*	*alta*	*cómica*
hombre			
mujeres			
chicos			

❷ Escoge el adjetivo correcto en cada oración y escribe oraciones completas para describir a los vecinos de Lucía.

> **Modelo:** perro / Martín / es / de/ El / blanco / blanca
>
> *El perro de Martín es blanco.*

1. chica / María / simpática / simpático / es / una

_____

2. hombre / Juan / inteligente / inteligentes / es / un

_____

3. amigas / son / Mis / organizadas / organizado

_____

4. Mi / es / mamá / muy / serio / seria

_____

❸ Juan escribe el nombre de algunos estudiantes con descripciones de cada uno de ellos, pero escribió mal los adjetivos. Escribe oraciones completas para corregir sus errores.

JUAN	estudiosa / responsables
CAMILA	cómicas / simpáticos

ELENA	inteligentes / trabajador
JULIA	perezoso / desorganizado

> **Modelo:** *Juan es estudioso y responsable.*

1. _____

2. _____

3. _____

Gramática C *Noun–adjective agreement*

Level 1A Textbook pp. 72–75

> ¡AVANZA!　**Goal:**　Practice noun–adjective agreement while describing people and things.

❶ Escribe oraciones completas con tres adjetivos para describir a las personas en tu escuela.

Modelo:　Marcela: *Marcela es bonita, divertida y simpática.*

1. Carlos: _____

2. La profesora de matemáticas: _____

   _____

3. Los chicos del equipo de fútbol: _____

   _____

4. Martina y su hermana: _____

5. El director de la escuela: _____

❷ El periódico de la escuela te entrevista para un artículo sobre los estudiantes. Contesta las siguientes preguntas para el artículo con oraciones completas.

1. ¿Cómo te describes a ti mismo?

   _____

2. ¿Cómo eres como estudiante?

   _____

3. ¿Qué opinas de esta escuela?

   _____

4. ¿Qué opinas de los profesores de la escuela?

   _____

5. ¿Cómo te imaginas que es el trabajo de presidente de los estudiantes?

   _____

❸ Hay elecciones en tu escuela y tú quieres ser el presidente de la Asociación de Estudiantes. Escribe un informe para describir tus habilidades y capacidades para ser un líder.

Modelo:　*Soy Martín González. Tengo 18 años. Soy organizado...*

_____

_____

_____

_____

UNIDAD 1 Lección 2

Gramática C

Gramática adicional

> **¡AVANZA!** **Goal:** Become familiar with how certain adjectives change meaning depending on where they are placed.

Posición de los adjetivos y cambios de significado

El significado de ciertos adjetivos cambia según su posición antes o después del nombre.

Por ejemplo, mira la diferencia de significado entre los siguientes adjetivos según su posición.

Antes del nombre		Después del nombre	
cierto lugar	*some*	un dicho cierto	*certain / sure*
gran presidente	*great*	una casa grande	*big*
nuevo trabajo	*new (to owner)*	un carro nuevo	*brand new*
pobre Juan	*unfortunate*	la gente pobre	*poor (lacking money)*
viejo amigo	*longtime / former*	hombre viejo	*old*

1 Manuel conoce a Martín en la escuela. Ellos tienen muchas cosas en común. Escribe la respuesta correcta para completar el diálogo.

Modelo: Manuel: Me gusta ir al museo.

Martín: A mí también me gusta ver ___*a*___ .

a. las obras de los grandes artistas.

b. las obras de los artistas grandes.

1. Manuel: ¡Mi abuela acaba de cumplir los 95 años!

   Martín: Yo también tengo una _____ .

   a. vieja abuela.

   b. abuela vieja.

2. Manuel: ¿Te gusta escuchar el último disco compacto de Shakira?

   Martín: Sí, escucho mucho mi _____ .

   a. nuevo disco compacto.

   b. disco compacto nuevo.

3. Manuel: Mi escuela es enorme y tiene muchos salones.

   Martín: Yo también asisto a una _____ .

   a. gran escuela.

   b. escuela grande.

4. Manuel: Me gusta ayudar a la gente sin casa ni dinero.

   Martín: ¡Qué bien! Debemos ayudar a las _____ .

   a. pobres personas.

   b. personas pobres.

Integración: Hablar

┌───┐
│ ¡AVANZA!   **Goal:** Respond to written and oral passages about likes and dislikes. │
└───┘

Lee lo que escribió la presidenta de un Consejo Estudiantil de una preparatoria en México.

¡VOTA VERDE!

VOTA

Por muchas razones, Marcela Benavides es la candidata ideal para dirigir este año el Consejo Estudiantil.

¿Quieres una presidenta popular, amistosa y trabajadora?

Vota por la Planilla Verde.

¿Quieres una presidenta con experiencia, personalidad e inteligencia?

Vota por la Planilla Verde.

¿Quieres una presidenta organizada, artística y atlética?

Vota por la Planilla Verde.

No lo pienses más. Vé a las urnas este viernes y **VOTA VERDE por la Planilla VERDE.**

Escucha con atención el siguiente audio. Toma notas y prepárate para completar la actividad.

HL CD 1, tracks 5–6

¿Cómo describes la personalidad de Marcela? ¿Por qué crees que Marcela es la candidata ideal para dirigir el Consejo Estudiantil? ¿Crees que tú podrías dirigir el Consejo Estudiantil? ¿Por qué?

Integración: Escribir

| ¡AVANZA! | **Goal:** Respond to written and oral passages about likes and dislikes. |

Lee cuidadosamente el siguiente anuncio.

http://www.personalweb.hmh.net

María José 26 años

Hola. Soy una abogada muy ocupada pero me gustaría hacer amigos. Busco personas que sean buenas, inteligentes y simpáticas como yo. Me gusta la disciplina y soy un poco seria. En mis ratos libres me gusta montar en bicicleta con mis padres y mi hermana Carla. La familia es muy importante para mi y no tengo mucho tiempo para actividades sociales. Escríbeme a mi buzón electrónico y cuéntame cómo eres tú y qué te gusta hacer.

Otros pasatiempos (que no tengo tiempo de practicar): escuchar música, nadar en el mar, jugar bingo y ajedrez

Escucha con atención el siguiente audio. Toma notas y prepárate para completar la actividad.

HL CD 1, tracks 7–8

Escribe un breve artículo de opinión sobre si el Internet es una forma segura de hacer amigos. Dí si tú pondrías un anuncio como María José y por qué.

_____

_____

_____

_____

_____

_____

_____

_____

_____

_____

_____

_____

UNIDAD 1 Lección 2

Integración: Escribir

36

Unidad 1, Lección 2
Integración: Escribir

¡Avancemos! 1A
Cuaderno para hispanohablantes

Lectura A

¡AVANZA! **Goal:** Read and understand descriptions of self and others.

1 Lee los siguientes anuncios de jóvenes que buscan amigos.

¿ERES ARTÍSTICO(A)? ¿Te gusta el arte? ¿Te gustan las obras de los grandes maestros del arte como Picasso y Velázquez? Busco amigos para hacer excursiones a los museos los sábados y domingos. Si eres artístico(a), inteligente y simpático(a), llámame por teléfono al (303) 555-6719.

¡A LA COPA MUNDIAL! ¿Te gustan los deportes? Busco compañeros para mirar los partidos de fútbol en la televisión y jugar al fútbol durante el fin de semana. No importa si eres alto(a) o bajo(a), pequeñ(a) o grande. Llama al (777) 555-6849 y pregunta por Marisa.

¡ATENCIÓN, ESTUDIANTES! Busco a otros estudiantes para formar un grupo de estudio. El grupo se reúne cada miércoles en el centro estudiantil de la escuela. Si eres organizado(a), serio(a), inteligente, y trabajador(a), mándame un correo electrónico: juan@clubestudiantil.hmh.com

¿TE GUSTA DESCANSAR? Si eres perezoso y no te gusta hacer nada, te gusta mirar la televisión y si eres desorganizado(a), te gustará nuestro club. Comemos, hablamos, miramos la televisión y no trabajamos en general. Si estas «actividades» te atraen, mándanos un correo electrónico: perezosos@correo.hmh.com

2 **¿Comprendiste?** Escribe el título del anuncio que mejor corresponda a los intereses de cada persona.

1. Yo soy un(a) estudiante bueno(a). No me gusta estudiar solo(a).

_____

2. No soy muy trabajador(a) ni organizado(a). Me gusta estar en casa y descansar.

_____

3. Me gusta hacer excursiones al museo. No soy artística, pero me gusta el arte.

_____

4. Me gustan los deportes, especialmente el fútbol. Soy atlético(a) pero no juego bien.

_____

3 **¿Qué piensas?** Elige un anuncio para contestar. Luego escribe tres descripciones de ti mismo(a) que corresponden al anuncio.

Club que me interesa _____

1. _____

2. _____

3. _____

Lectura B

¡AVANZA! **Goal:** Read and understand descriptions of self and others.

❶ Lee la carta de María a su abuela.

Querida abuelita:

¿Cómo estás? Ya estamos en Madison, Wisconsin. Es una ciudad bonita pero hace frío. José y yo ya estamos en la escuela. Es grande y hay alumnos de muchos países. Ya tengo amigas. Rita es de España, Esperanza es de Venezuela y Carmen es de Bolivia. Mi maestro es de Estados Unidos, es joven y organizado. Dice que soy artística porque me gusta escuchar música y tocar la guitarra. Después de la escuela mi hermano y yo tomamos clases de arte con una maestra muy buena, desorganizada pero simpática. La maestra dice que mi hermano José es diferente de mí porque es muy perezoso. No le gusta hacer la tarea. Es atlético: le gusta jugar al fútbol y practicar todos los deportes. Por las tardes me gusta pasear con mis amigas, comer pizza y tomar un refresco. En la noche me gusta hacer mi tarea porque soy muy estudiosa, pero a José le gusta descansar y mirar la televisión.

Un abrazo, María.

❷ **¿Comprendiste?** María le escribe una carta a su abuelita para contarle de sus actividades en Wisconsin. Contesta las siguientes preguntas con oraciones completas.

1. ¿Qué actividad tienen en común María y su hermano José?

_____

2. ¿Qué actividades le gusta hacer a María?

_____

3. ¿Qué no le gusta hacer a José?

_____

4. ¿Qué le gusta hacer a María por la tarde?

_____

5. ¿Cómo es el maestro de la escuela de María?

_____

❸ **¿Qué piensas?** ¿Cómo eres? Describe tu carácter y escribe 3 actividades que te gustan.

_____
_____
_____

38 Unidad 1, Lección 2
Lectura B

¡Avancemos! 1A
Cuaderno para hispanohablante.

UNIDAD 1 Lección 2
Lectura B

Lectura C

| ¡AVANZA! | **Goal:** Read and understand descriptions of self and others. |

Lee el siguiente anuncio publicitario para un programa de estudio en el verano.

Programa de verano en México

El programa del verano del Instituto de Artes Plásticas busca estudiantes serios, organizados y trabajadores con interés en la historia del arte para estudiar el período muralista en la Ciudad de México este verano. Bajo la supervisión de nuestros profesores, los estudiantes de este programa van a conocer a los tres grandes muralistas de México: Diego Rivera, José Clemente Orozco y David Alfaro Siqueiros. Durante las cuatro semanas del programa, los estudiantes aprenden la importancia y sentido social de estos artistas en el arte mundial. Al final del programa, todos los alumnos van a dar una presentación en grupo para hacer una comparación de la obra de estos grandes maestros del arte.

Los estudiantes que completaron el programa durante años pasados opinan que es un programa divertido pero tienen que ser serios, organizados, y estudiosos para completarlo. Para ser aceptado(a) en el programa, no es necesario ser artístico(a), pero se pide interés en hablar español y estudiar el arte popular y su influencia en los Estados Unidos. Este programa es una gran oportunidad de practicar el español y aprender sobre un gran período en la historia del arte mexicano.

Nombre _____ Clase _____ Fecha _____

❷ ¿Comprendiste? Responde a las siguientes preguntas con oraciones completas.

1. ¿Qué tipo de estudiantes deben solicitar ingreso al programa?

_____

2. Según el anuncio, ¿cuál es el tema principal del programa?

_____

3. ¿Qué hacen los estudiantes al final del programa?

_____

4. ¿Qué cualidades son necesarias para entrar en el programa?

_____

_____

❸ ¿Qué piensas? ¿Te interesa estudiar el arte? ¿Por qué sí o por qué no?

_____

_____

_____

Escritura A

> | ¡AVANZA! | **Goal:** Describe yourself and others and identify people and things. |
> |---|---|

1 Vas a escribir un artículo sobre tu clase de español para la página Web de tu escuela.
Completa la tabla con descripciones de las personas y las actividades que les gustan.

	Descripción	**Actividades**
Yo		
Mis compañeros de clase		
Mi profesor(a) de español		

2 Con la información de la Actividad 1, escribe tu artículo de cinco oraciones. Tu
artículo debe tener 1) una introducción, 2) un cuerpo y 3) una conclusión. Escribe
oraciones completas.

_____

_____

_____

_____

_____

_____

3 Evalúa tu respuesta a la Actividad 2 usando la siguiente información.

	Crédito máximo	**Crédito parcial**	**Crédito mínimo**
Contenido	Escribiste el artículo con cinco oraciones completas con las descripciones y actividades de la clase.	Escribiste el artículo con menos de cinco oraciones. Algunas oraciones no están completas.	No pudiste escribir más de dos oraciones y las respuestas no están bien estructuradas. No pudiste escribir descripciones o actividades.
Uso correcto del lenguaje	Tuviste muy pocos errores o ninguno en el uso del lenguaje y de la ortografía.	Hay muchos errores en el uso del lenguaje y la ortografía.	Hay un gran número de errores en el uso del lenguaje y la ortografía.

Escritura B

Goal: Describe yourself and others and identify people and things.

1 Juan Carlos, un estudiante de México, va a estudiar en tu escuela el próximo semestre. Durante sus estudios él va a vivir con tu familia. Vas a escribirle un email para presentarte y describirle cómo es tu vida en los Estados Unidos. Organiza tus ideas en la siguiente tabla.

| Escribe 3 adjetivos para describir tu personalidad: |
| Escribe 3 adjetivos para describir cómo eres (tu apariencia): |
| Escribe 3 actividades que te gusta hacer: |

2 Con la información de la Actividad 1 escribe la carta a Juan Carlos. Asegúrate de incluir: 1) un saludo, 2) una descripción de seis oraciones de ti y de tus actividades y 3) una despedida.

_____
_____
_____
_____
_____
_____

3 Evalúa tu respuesta a la Actividad 2 usando la siguiente información.

	Crédito máximo	Crédito parcial	Crédito mínimo
Contenido	Escribiste una carta con por lo menos seis oraciones completas que incluyen la información necesaria.	Escribiste una carta con por lo menos cuatro oraciones completas, que incluyen información necesaria.	Sólo escribiste unas cuantas oraciones, completas o incompletas, y falta casi toda la información necesaria.
Uso correcto del lenguaje	Tuviste muy pocos errores o ninguno en el uso del lenguaje y de la ortografía.	Tuviste muchos errores en el uso del lenguaje y de la ortografía.	Tuviste un gran número de errores en el uso del lenguaje y de la ortografía.

Escritura C

¡AVANZA!	**Goal:** Describe yourself and others and identify people and things.

1 En la escuela te piden escribir una composición sobre un personaje famoso (deportista, cantante, actor, actriz, político(a), etc.) y que digas por qué lo seleccionaste. Sigue estas instrucciones:

a. Di sobre quién vas a escribir tu composición: _____

b. Di por qué esta persona te interesa: _____

c. Escribe dos oraciones completas con una descripción del personaje:

_____

_____

d. Escribe dos oraciones completas en las que digas lo qué te gusta o no te gusta de esta persona, y por qué:

_____

_____

2 Escribe tu composición. Asegúrate de incluir: 1) introducción, 2) cuerpo y 3) conclusión.

_____

_____

_____

_____

_____

_____

3 Evalúa tu respuesta a la Actividad 2 usando la siguiente información.

	Crédito máximo	**Crédito parcial**	**Crédito mínimo**
Contenido	Escribiste seis o más oraciones completas que incluyen toda la información necesaria.	Escribiste menos de cuatro oraciones completas, por lo que falta alguna información necesaria.	Sólo escribiste dos o menos oraciones, completas o incompletas, y falta casi toda la información necesaria.
Uso correcto del lenguaje	Tuviste muy pocos errores o ninguno en el uso del lenguaje y de la ortografía.	Tuviste muchos errores en el uso del lenguaje y de la ortografía.	Tuviste un gran número de errores en el uso del lenguaje y de la ortografía.

Cultura A

¡AVANZA!	**Goal:**	Use and strengthen cultural information about he Hispanic culture in the United States.

1 ¿Son ciertas o falsas estas oraciones sobre *Saludos desde San Antonio y Miami*? Encierra en un círculo la respuesta correcta. Usa la información de tu libro para responder.

    1. El Álamo se localiza en San Antonio.   C   F

    2. El Mercado es un restaurante de comida mexicana.   C   F

    3. Calle Ocho es un museo cubano en San Antonio.   C   F

    4. La Pequeña Habana se localiza en Cuba.   C   F

    5. Fiesta San Antonio celebra la historia y cultura del lugar.   C   F

2 Escribe el lugar en San Antonio y Miami donde la comunidad hispana puede hacer las siguientes actividades. Completa la siguiente tabla con la información de tu libro.

Comer comida mexicana típica en San Antonio:	
Comer sándwiches cubanos:	
Escuchar la música de los mariachis:	
Visitar el Álamo y museos:	
Visitar la Pequeña Habana:	

3 La comida Tex-Mex combina estilos de comida de México y de Texas. Escribe cinco ingredientes o comidas Tex-Mex que hayas probado o que conozcas.

    1. _____   **2.** _____

    3. _____   **4.** _____

    5. _____

Cultura B

| ¡AVANZA! | Goal: | Use and strengthen cultural information about he Hispanic culture in the United States. |

1 Usa la información del cuadro para completar las siguientes oraciones sobre la comunidad hispana en San Antonio y Miami.

| el Paseo del Río | montar en bicicleta | la música de los mariachis |
| comida mexicana | la Calle Ocho | el Mercado | jugo de mango |

En Miami, si hace buen tiempo los chicos y chicas pueden andar en patineta o

1. _____ . También pueden ir a

2. _____ a pasear y beber 3. _____ .

En San Antonio, los chicos y chicas pueden pasear después de clases por

4. _____ . En 5. _____ pueden

escuchar 6. _____ y comer 7. _____

típica.

2 Usa la información de tu libro para responder en forma breve a las siguientes preguntas sobre San Antonio y Miami. Contesta con oraciones completas que contengan sujeto, predicado y punto final.

1. ¿Qué lugar en San Antonio muestra la fotografía de la página 48?

_____

2. ¿Qué está haciendo el chico de la fotografía en la página 49?

_____

3. ¿Qué actividades pueden hacer los visitantes para pasarla bien en San Antonio?

_____

4. ¿Cuáles son dos actividades en común que puede hacer la gente en San Antonio y en Miami?

_____

3 Mira la imagen que está en la página 75 de tu libro. Escribe cinco oraciones completas para describir lo que pasa en la escena.

_____
_____
_____
_____
_____

Cultura C

 ¡AVANZA! **Goal:** Use and strengthen cultural information about he Hispanic culture in the United States.

❶ ¿De dónde viene la mayoría de la población hispana de los Estados Unidos? Escribe un párrafo corto sobre un país de América Latina que conozcas. Puedes describir el idioma que hablan, dónde se localiza y algunas de sus tradiciones, música o platillos típicos. Luego, encuentra una semejanza y una diferencia entre este país y los Estados Unidos.

_____

_____

_____

_____

❷ Responde con oraciones completas las siguientes preguntas sobre el tema que aprendiste relacionado con la cultura latina.

1. ¿Qué tipo de restaurantes hay en tu comunidad que sirvan platillos de otros países?

_____

2. ¿Alguna vez has comido un platillo de otro país? Descríbelo.

_____

3. ¿Por qué crees que hay restaurantes que ofrecen comidas de otros países?

_____

4. ¿Por qué crees que una determinada cocina usa ciertos ingredientes?

_____

5. ¿Por qué crees que se le llama comida Tex-Mex?

_____

❸ Carmen Lomas Garza es una artista cuyos cuadros reflejan escenas de la cultura México-americana. ¿Qué tipo de temas usó Carmen Lomas Garza en sus pinturas? Si tuvieras la oportunidad de conocerla, ¿que le sugerirías que pintara? ¿Por qué? Explica tu respuesta.

_____

_____

_____

_____

UNIDAD 1 Lección 2

Cultura C

Comparación cultural: Me gusta...
Lectura y escritura

Después de leer los párrafos en donde José, Martina y Mónica se describen a sí mismos y hablan de sus actividades favoritas, escribe un párrafo corto sobre ti mismo(a). Usa la información del cuadro personal para escribir las oraciones y después escribe un párrafo que te describe.

Paso 1

Completa el cuadro personal con el mayor número de detalles de ti mismo(a).

Categoría	Detalles
país de origen	
descripción física	
personalidad	
actividades favoritas	
comidas favoritas	

Paso 2

Ahora usa los datos del cuadro personal y escribe una oración para cada uno de ellos.

_____

_____

_____

_____

Comparación cultural: Me gusta...

Lectura y escritura
(continuación)

Paso 3

Ahora escribe un párrafo usando las oraciones que escribiste como guía. Incluye una oración de introducción y utiliza los verbos **ser** y **gustar** para describirte.

_____

_____

_____

_____

_____

_____

_____

Lista de verificación
Asegúrate de que...

☐ todos los datos personales que pusiste en el cuadro están incluidos en el párrafo;

☐ das detalles para describir claramente las actividades que más te gustan;

☐ incluyes nuevas palabras de vocabulario y los verbos **ser** y **gustar**.

Tabla

Evalúa tu trabajo usando la tabla siguiente.

Criterio de escritura	Excelente	Bueno	Necesita mejorar
Contenido	Tu párrafo incluye muchos datos acerca de ti.	Tu párrafo incluye algunos datos acerca de ti.	Tu párrafo incluye muy poca información de ti.
Comunicación	La mayor parte de tu párrafo está organizada y es fácil de entender.	Partes de tu párrafo están organizadas y son fáciles de entender.	Tu párrafo está desorganizado y es difícil de entender.
Precisión	Tu párrafo tiene pocos errores de gramática y de vocabulario.	Tu párrafo tiene algunos errores de gramática y de vocabulario.	Tu párrafo tiene muchos errores de gramática y de vocabulario.

UNIDAD 1

Comparación cultural

48

Unidad 1
Comparación cultural

¡Avancemos! 1A
Cuaderno para hispanohablantes

Comparación cultural: Me gusta...
Compara con tu mundo

Ahora escribe una comparación entre uno de los tres estudiantes que aparecen en la página 87 y tú mismo(a). Organiza tus comparaciones por tema. Primero compara el lugar de dónde vienen, después sus personalidades y por último sus actividades y comida favoritas.

Paso 1

Utiliza el cuadro para organizar las comparaciones por tema. Escribe tus datos y los del(de la) estudiante que escogiste para cada uno de los temas.

Categoría	Mi descripción	La descripción de _____
país de origen		
descripción física		
personalidad		
actividades favoritas		
comidas favoritas		

Paso 2

Ahora usa los datos del cuadro personal para escribir la comparación. Incluye una oración de introducción y escribe sobre de cada uno de los temas. Utiliza los verbos **ser** y **gustar** para describirte a ti mismo(a) y al (a la) estudiante que escogiste.

_____
_____
_____
_____
_____
_____
_____
_____

Vocabulario A *Somos estudiantes*

> ¡AVANZA!   **Goal:** Talk about school and class schedules.

❶ ¿Qué hora es? Escoge la oración que corresponde con la hora en cada reloj.

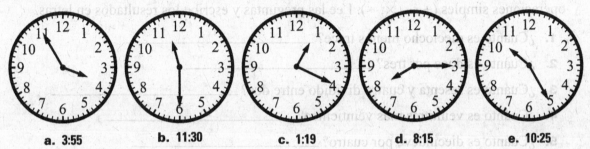

a. 3:55   **b. 11:30**   **c. 1:19**   **d. 8:15**   **e. 10:25**

1. _____ Es la una y diecinueve.

2. _____ Son las diez y veinticinco.

3. _____ Son las cuatro menos cinco.

4. _____ Son las once y media.

5. _____ Son las ocho y cuarto.

❷ Rafaela tiene que contar el número de chicos y chicas en sus clases. ¿Cuántos estudiantes hay en total en cada una? Expresa los números como palabras.

1. doce + tres = _____

2. noventa + diez = _____

3. cincuenta + veinte = _____

4. catorce + cuatro = _____

5. veinte + uno = _____

❸ Algunos(as) estudiantes y tú tienen clases a diferentes horas. Ordena las palabras para escribir oraciones completas.

Modelo: Margarita / clase de inglés / a las siete y media / tiene
       Margarita tiene clase de inglés a las siete y media.

1. clase de matemáticas / ellos / a las ocho de la mañana / tienen

_____

2. a las nueve y media / tengo / yo / clase de arte

_____

3. clase de español / Lucas y Sandra / a la una de la tarde / tienen

_____

4. tenemos / a las dos / clase de ciencias / nosotros

_____

Vocabulario B *Somos estudiantes*

> **¡AVANZA!**   **Goal:**   Talk about school and class schedules.

❶ Estás en clase de matemáticas y no puedes usar la calculadora para hacer estas operaciones simples (+, −, ×, ÷). Lee las preguntas y escribe los resultados en letras.

1. ¿Cuánto es dieciocho menos trece? _____

2. ¿Cuánto es doce por tres? _____

3. ¿Cuánto es sesenta y cuatro dividido entre dos? _____

4. ¿Cuánto es veintitrés más veinticinco? _____

5. ¿Cuánto es diecinueve por cuatro? _____

6. ¿Cuánto es setenta y tres menos cuarenta y dos? _____

❷ Estás en la escuela de tu amiga Paloma. Escribe oraciones completas para decir qué clases observas.

    Modelo   1.   2.   3.   4.

Modelo: *Es la clase de español.*

1. _____

2. _____

3. _____

4. _____

❸ Escribe oraciones completas para decir a qué hora tienes diferentes clases, con qué frecuencia y con cuál profesor(a).

Modelo: Mi primera clase *es de inglés. Siempre tengo clase a las siete de la mañana. El profesor es el señor Gómez.*

1. Mi segunda clase _____

_____

2. Mi tercera clase _____

_____

3. Mi cuarta clase _____

_____

UNIDAD 2 Lección 1   Vocabulario B

Vocabulario C *Somos estudiantes*

¡AVANZA!	**Goal:** Talk about school and class schedules.

1 Resuelve el problema sobre la compra y venta de un libro. Escribe los números en palabras.

Compras un libro de computación en 400 _____ pesos.

Después lo vendes en 430 _____ pesos. Necesitas el libro otra

vez y lo compras en 380 _____ pesos. Cuando se terminan las

clases lo vendes en 450 _____ pesos. ¿Cuánto dinero ganaste?

    a. 300 pesos   **b.** 150 pesos   **c.** 100 pesos   **d.** 50 pesos

2 Hablas por teléfono con Santiago, un amigo de México. Escribe cinco preguntas para tu amigo sobre cómo es un día típico en su escuela. También escribe las respuestas de Santiago.

Tú: _____

Santiago: _____

Tú: _____

Santiago: _____

Tú: _____

Santiago: _____

Tú: _____

Santiago: _____

Tú: _____

Santiago: _____

3 Escribe un párrafo para contar cómo es un día de escuela en tu vida diaria: a qué horas tienes clases, cuáles son tus clases favoritas y por qué, quiénes son tus profesores y algunos de tus compañeros de clases.

_____

_____

_____

_____

_____

_____

_____

Vocabulario adicional *Más expresiones de frecuencia*

¡AVANZA!	**Goal:** Use additional expressions of frequency.

Se usan los adverbios de frecuencia para indicar el número de veces que ocurre algo. Ya puedes expresarte con los adverbios **siempre**, **muchas veces** y **nunca**.

Otras expresiones de frecuencia:

a veces	*sometimes*
cada vez	*every time*
dos veces	*twice*
otra vez	*again*
anualmente	*annually*
raramente	*rarely, seldom*
regularmente	*regularly*

1 Describe la rutina que sigues para mantenerte en forma y mantener la salud. Menciona la frecuencia con la que haces cada cosa. Usa el vocabulario de la lista de arriba en seis oraciones completas.

1. _____
2. _____
3. _____
4. _____
5. _____
6. _____

2 Escribe un correo electrónico a un(a) amigo(a) desde Argentina. Dile qué actividades haces en los Juegos Olímpicos y con qué frecuencia las haces.

A:	
DE:	

Gramática A *The verb tener*

¡AVANZA!	**Goal:** Use the verb **tener** in different contexts.

1 Elige la forma correcta del verbo tener para completar cada oración sobre las clases.

1. Los estudiantes en la clase de química (tiene / **tienen**) que tomar muchos apuntes.

2. En mi clase de inglés, yo (**tengo** / tiene) una computadora y un escritorio grande.

3. No está Raúl porque (tienen / **tiene**) clase de arte a las doce menos diez.

4. De vez en cuando, Carmen y yo (tengo / **tenemos**) que estudiar juntos.

2 Lee las siguientes oraciones sobre las actividades en la escuela. Escribe la forma correcta del verbo tener de acuerdo con las oraciones.

1. ¿ _____ tú clase ahora?

2. Hay fútbol hoy, pero nosotros _____ que estudiar para un examen.

3. ¡Ay! La tarea es difícil. Profesor López, ¿ _____ usted tiempo de ayudarme?

4. Carlos y Ernesto _____ cinco libros para la clase de historia.

3 Escribe oraciones completas para responder a qué horas tienen clase tú y otras personas.

Modelo: ¿Qué clase tiene Ernesto a las doce y media?

Ernesto tiene clase de inglés a las doce y media.

	ciencias	matemáticas	inglés	computación
nosotros	8:00	9:15	10:45	12:30
Raúl y Liliana	9:15	10:45	12:30	1:45
Ernesto	8:00	9:45	11:30	1:45
tú	8:00	9:15	10:45	12:30

1. ¿Qué clase tenemos a las nueve y cuarto?

_____

2. ¿Qué clase tienen Raúl y Liliana a la una y cuarenta y cinco?

_____

3. ¿Qué clase tiene Ernesto a las ocho?

_____

4. ¿Qué clase tienes tú a las diez y cuarenta y cinco?

_____

Gramática B *The verb tener*

> **¡AVANZA!** **Goal:** Use the verb **tener** in different contexts.

❶ Escribe la forma correcta del verbo *tener* para completar el siguiente párrafo sobre el horario de Isabel, una alumna de tu escuela.

Me llamo Isabel y yo **1.** _____ cuatro clases este semestre. Mis amigas **2.** _____ cinco clases porque yo **3.** _____ que trabajar por la tarde. Mi mejor amiga María y yo no **4.** _____ clases juntas, pero comemos juntas cada día porque nosotras **5.** _____ la misma hora libre para comer. ¿Qué clases **6.** _____ tú este semestre?

❷ ¿Qué tienen que hacer los estudiantes? Lee la descripción de los estudiantes y escribe lo que tienen que hacer. Escribe oraciones completas.

Modelo: Juan quiere sacar una buena nota en la clase de historia.
Juan tiene que estudiar mucho.

1. Alicia quiere escribir un correo electrónico a su amiga.

_____

2. Yo quiero hablar bien el español.

_____

3. Carla y Miguel quieren estudiar para el examen pero no recuerdan lo que aprenden en la clase.

_____

4. Ustedes tienen que entregar un ensayo mañana.

_____

❸ Contesta las preguntas personales con oraciones completas.Usa **tener que** en las respuestas.

1. ¿En qué clase tienes que tomar apuntes?

_____

2. ¿En qué clase tienen ustedes que leer mucho?

_____

3. ¿Tienen que hablar mucho los alumnos en las clases de idiomas?

_____

4. ¿Tienes que hacer mucha tarea en la clase de matemáticas?

_____

5. Si yo saco malas notas en la clase de química, ¿que tengo que hacer?

_____

Gramática C *The verb tener*

> ¡AVANZA! **Goal:** Use the verb **tener** in different contexts.

1 Escribe qué tienen que hacer las personas en los dibujos. Usa el sujeto que ves en cada dibujo y escribe oraciones completas.

| 1. La profesora Ramírez | 2. Yo | 3. Los estudiantes | 4. Tú | 5. Paco |

1. _____
2. _____
3. _____
4. _____
5. _____

2 Escribe un párrafo con oraciones completas para contar qué tienen que hacer regularmente algunos alumnos y tú en la escuela. Usa diferentes formas del verbo **tener** en el presente.

_____
_____
_____
_____
_____
_____
_____
_____
_____

Gramática A *Present Tense of -ar Verbs*

> **¡AVANZA!**　**Goal:**　Use the present tense of **-ar** verbs to say what people do.

1 Lee las oraciones y escoge la forma correcta del verbo para saber lo que hacen estas personas.

1. Ana _____ mucho en la clase de español.

   a. habla　　**b.** hablo　　**c.** hablas

2. La estudiante organizada _____ apuntes en clase.

   a. toman　　**b.** tomo　　**c.** toma

3. Pablo y yo _____ figuras humanas en la clase de arte.

   a. dibujan　　**b.** dibujamos　　**c.** dibujas

4. Si tú no _____ el DVD hoy, yo lo alquilo mañana.

   a. alquilas　　**b.** alquilan　　**c.** alquilamos

2 Algunas personas y tú hacen diferentes actividades. Ordena las palabras para escribir oraciones completas. Conjuga el verbo terminado en **-ar** en su forma correcta.

Modelo:　después de la escuela / música / tú / (escuchar)
　　　　　　Tú escuchas música después de la escuela.

1. frutas / yo / a las tres de la tarde / (comprar)

   _____

2. en la noche / la guitarra / un grupo de amigos / (tocar)

   _____

3. el español / el profesor Suárez / con los alumnos / (practicar)

   _____

4. de México / mi familia y yo / música / (escuchar)

   _____

3 Completa la conversación de dos amigas con la forma correcta de los verbos entre paréntesis.

Sandra: Alicia, ¿tú _____ (practicar) deportes por la mañana o por la tarde?

Alicia: Yo _____ (practicar) deportes por la tarde, después de la escuela. Sandra, ¿a qué hora _____ (trabajar)?

Sandra: Yo _____ (trabajar) hasta las diez y media de la noche. Alicia, ¿a qué hora _____ (estudiar) para el examen de matemáticas?

Alicia: Yo _____ (estudiar) a las ocho de la mañana, antes de la clase de matemáticas.

Gramática B *Present Tense of -ar Verbs*

Level 1A Textbook pp. 106–109

> ¡AVANZA! **Goal:** Use the present tense of **-ar** verbs to say what people do.

1 Escribe C si la oración es correcta o I si la oración es incorrecta. Corrige las oraciones donde los verbos no están bien conjugados.

Modelo: Elena practicamos voleibol con sus amigas. _I_
Elena practica voleibol con sus amigas.

1. Julio y Ángel llego a las seis de la tarde al gimnasio. _____

_____

2. Nosotros miren el partido de fútbol por televisión. _____

_____

3. Tú sacas una buena nota en matemáticas. _____

_____

4. Yo trabaja en el proyecto de ciencias. _____

2 Escribe lo que hacen las personas de los dibujos. Usa la forma correcta de los verbos.

1. Yo   2. Nosotros   3. Tú   4. Las alumnas

1. _____

2. _____

3. _____

4. _____

Nombre _____ Clase _____ Fecha _____

Gramática C *Present Tense of -ar Verbs*

Level 1A Textbook pp. 106–109

¡AVANZA!	**Goal:** Use the present tense of **-ar** verbs to say what people do.

1 Escribe una pregunta para averiguar si estas personas hacen las actividades de los dibujos.

Modelo: Carlos *¿Escucha Carlos la radio?*

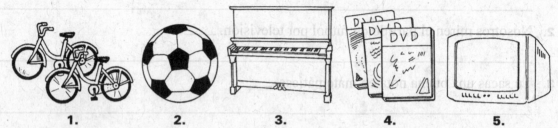

| 1. | 2. | 3. | 4. | 5. |

1. Tú: _____

2. Ustedes: _____

3. Carmen: _____

4. Nosotros: _____

5. Rita y yo: _____

2 Trabajas en el periódico de tu escuela y le debes hacer una entrevista al profesor Rojas. Hazle preguntas sobre su trabajo y lo que hace en su tiempo libre. Usa el presente de los verbos de la lección terminados en **-ar**.

Tú: _____

Profesor: _____

Tú: _____

Profesor: _____

Tú: _____

Profesor: _____

3 Ahora escribe el artículo sobre lo que hace el profesor Rojas. Escribe cinco oraciones completas.

_____

_____

_____

_____

_____

UNIDAD 2 Lección 1

Gramática C

Gramática adicional *La pluralización*

| ¡AVANZA! | **Goal:** Use words with irregular plurals. |

- Además de las formas regulares en que se añade una "s" a los sustantivos singulares para hacerlos plurales, hay unos sustantivos singulares que terminan en **-s**, los cuales mantienen la misma forma en el plural y el singular. En esos casos, el plural se indica por medio del artículo. Por ejemplo:

El/un martes ⟶ **los/unos martes**　　**El/un paraguas** ⟶ **los/unos paraguas**

El/un cumpleaños ⟶ **los/unos cumpleaños**　　**La/una crisis** ⟶ **las/unas crisis**

- También hay otros sustantivos singulares que terminan en -s, pero se agrega una -es para formar el plural

El/un interés ⟶ **los/unos intereses**　　**El/un mes** ⟶ **los/unos meses**

El/un inglés ⟶ **los/unos ingleses**

1 Completa el cuadro con la forma singular o plural de cada sustantivo. Escribe los artículos también. Sigue el modelo.

Modelo:　el miércoles　　　　*los miércoles*

Singular	Plural
	los meses
	las hipótesis
el jueves	
	los países

2 Indica si los siguientes sustantivos son correctos o no. Si son incorrectos, escribe las formas correctas del singular y plural. Sigue el modelo.

Modelo:　los estudiantes　　　*correcto*

1. el países _____

2. una crisis _____

3. los jueveses _____

4. el cumpleaños _____

5. el análisis _____

6. los interés _____

Integración: Hablar

| ¡AVANZA! | **Goal:** | Respond to written and oral passages about telling time and discussing daily schedules. |

Lee el siguiente programa de la Feria de Educación de una secundaria en México.

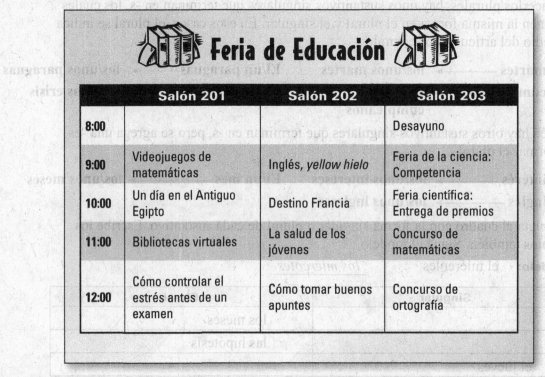

Feria de Educación

	Salón 201	Salón 202	Salón 203
8:00			Desayuno
9:00	Videojuegos de matemáticas	Inglés, *yellow hielo*	Feria de la ciencia: Competencia
10:00	Un día en el Antiguo Egipto	Destino Francia	Feria científica: Entrega de premios
11:00	Bibliotecas virtuales	La salud de los jóvenes	Concurso de matemáticas
12:00	Cómo controlar el estrés antes de un examen	Cómo tomar buenos apuntes	Concurso de ortografía

Escucha el siguiente audio. Toma nota y luego realiza la actividad.

HL CD 1, tracks 9–10

¿Qué tutorías de la Feria de Educación te gustaría tomar? ¿Por qué? De acuerdo al audio, ¿qué se debe hacer para controlar el estrés antes de un examen? ¿Crees que los consejos del audio te pueden servir a la hora de tomar un examen? ¿Por qué?

_____

_____

_____

_____

_____

62

Unidad 2, Lección 1
Integración: Hablar

¡Avancemos! 1A
Cuaderno para hispanohablantes

UNIDAD 2 Lección 1

Integración: Hablar

Integración: Escribir

¡AVANZA!	**Goal:**	Respond to written and oral passages about telling time and discussing daily schedules.

ee el siguiente horario de clases de un estudiante para este semestre.

	Clases abiertas	**Clases cerradas**
8:00	Gramática	Química
	Matemáticas	**Álgebra**
	Computadoras	Inglés I
9:00	Inglés II	Historia de México I
	Biología I	**Biología II**
10:00	Música	Arte y manualidades
11:00	**Álgebra avanzada**	**Español: Composición**
		Escritura creativa
12:30	**Descanso**	
1:00	Educación Física	Educación Física

Notas: Las materias en **negritas** son clases requeridas.

scucha el siguiente mensaje telefónico y después realiza la actividad.

HL CD 1, tracks 11–12

scribe un párrafo para describir cuál es el problema de Zacarías. En el mismo árrafo escribe una posible solución a su problema.

_____

_____

_____

_____

_____

_____

_____

_____

_____

_____

Lectura A

Mi nombre es Cristina Aguilera. No soy la cantante. Tampoco toco la guitarra. Soy de Puebla. Me gustan mucho mis clases y mis compañeros son muy simpáticos. Éste es mi horario diario: Llego a la escuela a las siete de la mañana porque mis padres tienen que trabajar muy temprano. Cuando llego, como un poco de fruta y hago la tarea. Primero tengo clase de inglés. Para sacar buenas notas tengo que tomar muchos apuntes. Después tengo clase de arte. A las once empieza mi clase de ciencias. Esta clase me gusta porque trabajamos mucho. A las doce tengo clase de matemáticas. Es la clase más difícil y es de una hora y veinte minutos. Luego voy a almorzar con mis amigos. Por último tengo clase de español. Es muy divertida.

1 ¿**Comprendiste?** Escribe **cierto** o **falso** según la lectura.

1. La clase que más le gusta a Cristina es inglés. _____

2. Tiene matemáticas desde las doce de la tarde hasta la una y veinte. _____

3. Los fines de semana, Cristina usa las computadoras de la biblioteca. _____

2 Escribe la letra de la frase que mejor completa cada oración.

1. Cristina llega temprano a la escuela porque _____ .

   a. desea descansar antes de la primera clase.

   b. tiene que comer.

   c. sus padres trabajan muy temprano.

   d. tiene clase de historia a las siete de la mañana.

2. Su clase de ciencias es _____ .

   a. en la mañana.

   b. a las once.

   c. a las diez menos cuarto.

   d. a las nueve.

3 ¿**Qué piensas?** Compara tu horario con el de Cristina. ¿Cómo son similares? ¿Cómo son diferentes?

_____

_____

_____

UNIDAD 2 Lección 1
Lectura A

Unidad 2, Lección 1
Lectura A

64

¡Avancemos! 1A
Cuaderno para hispanohablantes

Lectura B

¡AVANZA!   **Goal:**   Read about people's school activities and schedules.

Mi nuevo horario

Soy Javier y tengo quince años. Soy de Acapulco y vivo en el estado de Oregón. Estudio en una escuela secundaria avanzada de ciencias y tecnología. Hay veintitrés estudiantes en mi salón. Todos tenemos las mismas clases. Hay muchas chicas en el programa, casi veinte. Primero tenemos clase de computación. Esta clase es como la clase de arte y es la más fácil porque tenemos que crear ilustraciones en la computadora. Después tenemos la clase de álgebra. En el recreo tengo que estudiar mis apuntes de inglés. Esta clase es a las diez y cuarenta y hoy tenemos examen. Tengo que estudiar para sacar muy buenas notas. Luego, en la clase de historia, estudio la historia de los Estados Unidos. Es la clase más difícil porque tengo que tomar muchos apuntes y no me gusta el horario. Deseo tener esta clase más temprano en la mañana. También tengo una clase de ciencias y esta semana tengo examen en esta clase. Veo a mis amigos casi todos los días. Los fines de semana descanso y veo la televisión.

1 **¿Comprendiste?** Contesta las preguntas con oraciones completas.

1. ¿Cuántos exámenes tiene Javier esta semana, contando el que tiene hoy?

_____

2. ¿Cuál es la clase más fácil que tiene Javier este año? ¿Por qué?

_____

3. ¿Por qué no le gusta a Javier el horario de la clase de historia?

_____

_____

4. ¿Qué cualidades necesita una persona para estudiar en una escuela como la de Javier?

_____

_____

2 **¿Qué piensas?** ¿Te gustaría tomar una clase de computación como ésta? ¿Por qué? ¿A qué hora? ¿Con cuánta frecuencia?

_____

_____

_____

Lectura C

¡AVANZA!   **Goal:** Read about people's school activities and schedules.

El problema de Ricardo

Hoy lunes tengo un gran problema con mi tarea para la clase de historia. La maestra Parker nos da la oportunidad de escoger el tema para nuestro reporte y si queremos escribirlo solos o con un compañero. Ella dice que esto es una oportunidad, pero yo digo que es un gran privilegio. Para ser original, quiero escribir el mío sobre Tenochtitlán, la capital del Imperio Azteca, pero no he encontrado mucha información sobre el tema y tengo mucho para hacer.

Primero, tengo que estudiar para otras clases y no me la puedo pasar todo el día en esto. Segundo, mañana hay examen de matemáticas. También tengo que leer un libro para la clase de inglés. Y por último, mañana tengo que llegar temprano a la escuela, porque dejé allí mi libro de matemáticas.

Decidí pedirle ayuda a mis compañeros, ¡pero nadie tiene tiempo! María y Graciela van a escribir un reporte sobre Emiliano Zapata. Toño insiste en escribir el suyo sobre los mayas, un tema un poco difícil. Y Carolina está ocupada hasta las nueve de la noche, y yo no puedo a esa hora. ¡Nunca me ha pasado esto!

Ni modo, creo que voy a escribirlo sobre la Independencia de México. Entonces, ahora mi problema es cómo lo voy a enfocar. Creo que lo más fácil es escribir un reporte de cómo México se independizó de España. Como éste es el tema que más le gusta a la maestra, estoy seguro de que voy a sacar una nota excelente.

Después de pasar casi toda la tarde en la biblioteca, reuní bastantes notas para mi reporte. En él resalté cómo los mexicanos lucharon por el respeto de parte de España. Querían progresar, comercializar sus productos libremente y luchar en contra de la injusticia. Ellos se inspiraron en otros pueblos que ya se habían independizado.

Bueno, aquí está. Ahora sólo me queda esperar para ver si mi tiempo y esfuerzo me dan frutos y mi trabajo es bien evaluado. ¡Deséame suerte!

UNIDAD 2 Lección 1

Lectura C

¿**Comprendiste?** Contesta las preguntas con oraciones completas y breves.

1. ¿Cuál es el problema de Ricardo? ¿Tiene demasiado que hacer o más bien no sabe organizar su horario?

_____

2. Describe los tipos de reportes que van a escribir los compañeros de Ricardo. ¿Crees que a él le gustaría unirse a alguien más para escribir sus reporte?

_____

_____

3. ¿Qué harías para escribir un reporte de Tenochtitlán y a qué hora lo harías?

_____

_____

4. ¿Por qué Ricardo desea escribir un reporte sobre un tema tan difícil como lo es la Independencia de México?

_____

_____

¿**Qué piensas?** ¿Cómo organizas tu horario cuando tienes mucho que hacer? ¿Empiezas por lo más fácil y luego haces lo más difícil, o al revés? Describe las estrategias que usas normalmente.

_____

_____

_____

_____

UNIDAD 2 Lección 1   Lectura C

Escritura A

¡AVANZA!	**Goal:** Write about your daily schedule.

1 Llena el cuadro para decir con cuánta frecuencia haces cada una de estas actividades. Usa el vocabulario de la caja y sigue el modelo.

actividad	frecuencia	actividad	frecuencia
descansar		usar la computadora	
hacer la tarea		leer un libro	
estudiar tus apuntes		usar el uniforme	
comer		tener examen	

2 Escribe un párrafo para contar qué haces al llegar a la escuela. Añade detalles para decir con qué frecuencia haces las actividades y con quién(es). En el párrafo debes: 1) escribir oraciones completas y claras; 2) usar la información de la actividad anterior; 3) conjugar de manera correcta los verbos, y tener una ortografía correcta.

_____

_____

_____

_____

_____

_____

3 Evalúa tus párrafo usando la siguiente información.

	Créditos máximo	Crédito parcial	Crédito mínimo
Contenido	Tu párrafo contiene detalles. Escribes oraciones completas y claras, y usas información de la actividad anterior.	Tu párrafo contiene algunos detalles. Algunas oraciones están incompletas o no son claras. A veces usas información de la actividad anterior.	Tu párrafo no contiene suficientes detalles. Muchas oraciones están incompletas y no son claras. Rara vez usas información de la actividad anterior.
Uso correcto del lenguaje	Hay muy pocos errores o ninguno en el uso de los verbos y de la ortografía.	Hay algunos errores en el uso de los verbos y de la ortografía.	Hay un gran número de errores en el uso los verbos y de la ortografía.

Escritura B

¡AVANZA!	**Goal:** Write about your daily schedule.

1 Vas a pasar un fin de semana en la playa con tus padres y varios amigos. Quieres preparar un plan y horario de actividades para complacer a todos tus invitados. Escoge a cinco amigos(as) que vas a invitar y pregúntales sobre las actividades que les gustan. Escribe el nombre de tus amigos al lado de su actividad favorita.

Actividades	Invitados a los que les gusta esta actividad	Cuándo
Alquilar DVDs y mirar películas		
Escuchar música		
Dibujar o pintar cuadros		
Descansar en la playa		

2 Ahora, escribe un resumen de las actividades que van a hacer. Indica el día y las horas cuando las van a hacer. Por ejemplo: El sábado, por la mañana, Rita y Marcos juegan al tenis. Roberto y Francisco van de compras. Esteban, Carolina y yo escuchamos música.

Sábado
_____
_____
_____

Domingo
_____
_____
_____

3 Evalúa tu resumen de actividades usando la siguiente información.

	Créditos máximo	Crédito parcial	Crédito mínimo
Contenido	Escribiste un resumen con oraciones completas e información necesaria.	Escribiste algunas oraciones incompletas y no incluyes toda la información necesaria.	Escribiste oraciones incompletas y no está claro el plan de las actividades.
Uso correcto del lenguaje	Tuviste muy pocos errores o ninguno en el uso de lenguaje y ortografía.	Tuviste muchos errores de uso del lenguaje y la ortografía.	Tuviste un gran número de errores en el uso del lenguaje y la ortografía.

Escritura C

¡AVANZA!	**Goal:** Write about your daily schedule.

Tú y otros(as) estudiantes piensan viajar a diferentes ciudades de México durante el verano. Para esto escribes un folleto con la información necesaria sobre el viaje.

1 Llena la tabla para organizar la información.

tres lugares que van a visitar		
qué días los van a visitar		
en qué horarios los van a visitar		
cuánto dinero necesitan para visitar esos lugares		

2 Escribe el folleto para tus compañeros(as). Usa la información de la Actividad 1 para organizar tu folleto. Asegúrate de introducir en tu folleto todos los detalles posibles sobre lo que necesitan y van a hacer en las diferentes ciudades mexicanas. En tu folleto debes: 1) hacer oraciones completas y claras; 2) incluir todos los detalles posibles; 3) tener un uso adecuado del lenguaje y 4) usar los verbos y la ortografía correcta.

_____

_____

_____

_____

_____

_____

3 Evalúa tu folleto con la siguiente información.

	Créditos máximo	Crédito parcial	Crédito mínimo
Contenido	Escribiste un folleto con oraciones completas y claras; incluyes muchos detalles.	Escribiste algunas oraciones incompletas y poco claras; no incluyes muchos detalles.	Escribiste oraciones incompletas y que no son claras; no incluyes detalles importantes para el folleto.
Uso correcto del lenguaje	Tuviste muy pocos errores o ninguno en el uso de lenguaje, los verbos y la ortografía.	Tuviste algunos errores en el uso del lenguaje, los verbos y la ortografía.	Tuviste un gran número de errores en el uso del lenguaje, los verbos y la ortografía.

Nombre _____ Clase _____ Fecha _____

Cultura A

> **¡AVANZA!** **Goal:** Use and strengthen cultural information about Mexico.

1 Relaciona las dos columnas. Usa la información de tu libro para responder.

1. _____ Es la capital de México.
2. _____ Es uno de los muralistas más importantes de México.
3. _____ Es uno de los templos de la cultura maya.
4. _____ Es un importante científico mexicano.
5. _____ Es una antigua ciudad maya.

a. Mario Molina
b. Kukulcán
c. Ciudad de México
d. Chichén Itzá
e. Diego Rivera

2 ¿Cuáles son algunos de los aspectos característicos de México? Completa la siguiente tabla con la información cultural de tu libro.

Un escritor mexicano famoso:	
La moneda nacional de México:	
Una comida típica de México:	
Una cantante mexicana famosa:	
Un idioma que se habla en México:	

3 Escribe cinco cosas que sabes acerca de las tradiciones, cultura, comida, idioma, música o la gente de México.

1. _____
2. _____
3. _____
4. _____
5. _____

Cultura B

> | ¡AVANZA! | **Goal:** Use and strengthen cultural information about Mexico. |

1 Usa la información cultural de tu libro para responder con oraciones completas a las siguientes preguntas sobre México y su cultura.

1. ¿Para qué va la gente al Jardín Principal en San Miguel de Allende?

_____

2. ¿Cuál es la universidad pública más grande de México?

_____

_____

3. ¿Cuáles son algunas de las comidas mexicanas típicas que conoces?

_____

_____

4. Menciona algunas personas famosas mexicanas y di qué hacen.

_____

_____

_____

2 Observa detalladamente la pintura en la página 109. ¿Qué observas? Escribe tres detalles de la pintura y lo que crees que significa cada uno.

1. _____

_____

2. _____

_____

3. _____

_____

3 En México y otros países de América Latina los estudiantes usan uniforme tanto en las escuelas públicas como en las escuelas privadas. ¿Cuáles crees que son los ventajas y desventajas de usar uniforme? Completa la siguiente tabla con oraciones completas.

Ventajas	Desventajas
1.	1.
2.	2.
3.	3.

Cultura C

> **¡AVANZA!** **Goal:** Use and strengthen cultural information about Mexico.

1 Completa la siguiente tabla con dos oraciones completas con información relacionada con cada una de las siguientes ilustraciones que aparecen en tu libro.

La Universidad Autónoma de México en la página 84	1. _____ 2. _____
Los estudiantes con uniforme en la página 92	1. _____ 2. _____

2 Responde con oraciones completas las siguientes preguntas. Usa información del libro.

1. ¿Qué tipo de construcciones hicieron los antiguos mayas?

   _____

2. ¿Qué hace la gente en el Jardín Principal de San Miguel de Allende?

   _____

   _____

3. ¿Qué tipo de ropa usan los estudiantes de México para ir a la escuela?

   _____

3 ¿Qué representa el mural en la página 109 de tu libro?

   _____

   _____

   _____

   _____

   _____

Vocabulario A *En la escuela*

Level 1A Textbook pp. 122–12

> ¡AVANZA!   **Goal:** Talk about how things are at school.

❶ Haz una línea para emparejar los objetos asociados.

1. _____ el escritorio
2. _____ la clase de matemáticas
3. _____ el papel
4. _____ la tiza
5. _____ la cafetería
6. _____ los libros
7. _____ la mochila

a. el lápiz
b. el pizarrón
c. la pizza
d. la silla
e. los cuadernos
f. la biblioteca
g. la calculadora

❷ Describe dónde está cada objeto de la clase con relación con otro objeto.

1.   2.   3.   4.   5.

1. La calculadora está al lado del _____ .
2. La pluma está encima del _____ .
3. El reloj está delante del _____ .
4. La ventana está detrás de la _____ .
5. El libro está dentro de la _____ .

❸ Contesta las preguntas sobre tu primer (*first*) día clase de. Escribe oraciones completas.

1. ¿Es divertida tu clase? _____
2. ¿Es interesante tu maestro(a)? _____
3. ¿Cómo estás en la clase? _____

74

Unidad 2, Lección 2
Vocabulario A

UNIDAD 2 Lección 2
Vocabulario A

¡Avancemos! 1.
Cuaderno para hispanohablante

Vocabulario B *En la escuela*

> ¡AVANZA!   **Goal:** Talk about how things are at school.

1 Describe cómo está cada persona en los dibujos. Escribe cinco oraciones completas con las palabras de la caja.

emocionado	triste	tranquila	enojado	cansada

Modelo: *Juan está ocupado.*

1. Linda   **2. Mateo**   **3. Luz**   **4. Pablo**   **5. Andrés**

1. _____
2. _____
3. _____
4. _____
5. _____

2 Escribe oraciones completas para decir lo que necesitas para cada clase. Después escribe cómo estás cuando vas a cada clase.

Modelo: **matemáticas**   *Necesito una calculadora para la clase de matemáticas.*
    Cuando voy a la clase de matemáticas estoy nerviosa.

1. ciencias _____
   _____

2. computación _____
   _____

3. geografía _____
   _____

4. español _____
   _____

Vocabulario C *En la escuela*

¡AVANZA!	**Goal:** Talk about how things are at school.

1 Llena el siguiente horario de un día en la escuela. Escribe qué cosas necesitas para cada clase.

Hora	Clase	¿Qué necesitas para esta clase?
Modelo: *7:30*	*español*	*Necesito un diccionario.*

2 Contesta estas preguntas con oraciones completas. Usa los lugares de tu escuela o tus clases.

Modelo: ¿Cuándo estás nervioso(a)? *Estoy nervioso cuando estoy en la oficina del director*

1. ¿Cuándo estás contento(a)?

   _____

2. ¿Cuándo estás emocionado(a)?

   _____

3. ¿Cuándo estás cansado(a)?

   _____

4. ¿Cuándo estás tranquilo(a)?

   _____

5. ¿Cuándo estás ocupado(a)?

3 Escribe un párrafo para describir dónde están ubicados los lugares de tu escuela. ¿Dónde está el salón de clase en relación con el baño? ¿Dónde está la oficina del director en relación con la biblioteca? Escribe seis oraciones completas.

_____

_____

_____

_____

_____

_____

UNIDAD 2 Lección 2

Vocabulario C

76

Unidad 2, Lección 2
Vocabulario C

¡Avancemos! 1/
Cuaderno para hispanohablante

Vocabulario adicional

¡AVANZA!	**Goal:** Tell time using a 24 hours (military time) clock.

El reloj de veinticuatro horas (la hora militar)

En muchos países de Europa y América Latina el reloj de veinticuatro horas, o la hora militar, se usa para indicar la hora. Este horario se usa principalmente en la comunicación pública —en los periódicos, la televisión, los hospitales, los aeropuertos y las estaciones de tren, por ejemplo— y en las fuerzas militares.

Este sistema expresa las veinticuatro horas con los números 0–23. Los minutos se quedan igual. Así, la hora 1:10 a.m. se indica con 1:10 y 1:10 p.m. se indica con 13:10 (trece horas con diez minutos). Fíjate que las 7:40 p.m. se expresa en este sistema como 19:40, es decir, diecinueve horas con cuarenta minutos (19:40).

❶ Expresa la hora en cada reloj con el sistema de veinticuatro horas (la hora militar). Usa **palabras** en oraciones completas.

Modelo: *Son las cuatro horas con treinta minutos.*

4:30 a.m.

12:00 p.m.   3:15 p.m.   9:40 p.m.   2:30 a.m.   8:00 p.m.

1. _____

2. _____

3. _____

4. _____

5. _____

❷ Imagina que trabajas en un campamento (*camp*) de verano y les mandas una tarjeta postal a tus padres. Dales tu rutina diaria en orden cronológico. Usa la hora militar **en números** esta vez.

1. _____

2. _____

3. _____

4. _____

UNIDAD 2 Lección 2   Vocabulario adicional

Gramática A *The verb* **estar**

> **¡AVANZA!** **Goal:** Use the verb **estar** to express location and emotional states.

❶ Escoge la conjugación correcta del verbo **estar** para completar cada pregunta.

1. ¿Dónde (están / está) el pizarrón?

2. ¿Dónde (estás / está) tú?

3. María, ¿dónde (estamos / están) los cuadernos?

4. ¿(Soy / Estamos) tú y yo en la ciudad de México?

5. Jorge, ¿dónde (está / estás) la oficina de la directora?

❷ Te encuentras con tus amigos en el pasillo de la escuela. Completa las oraciones con el sujeto y la forma correcta del verbo **estar**.

Tomás: ¡Hola, Anita! ¡Hola, Rubén! ¿Cómo _____?

Anita: ¡Buenos días! _____ muy bien, ¿y tú?

Tomás: _____ cansado. ¿Dónde están Pedro y Andrea?

Rubén: ¿Pedro? _____ en la cafetería. ¿Andrea?
_____ en la biblioteca.

Tomás: También quiero ver al maestro López. _____ en clase al lado del gimnasio, ¿verdad?

Anita: No, _____ en la oficina del director.

❸ La directora de la escuela quiere saber dónde están tus amigos en la primera hora de clases. Completa las oraciones para darle la información que necesita.

    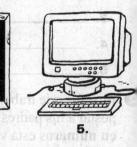

| 1. | 2. | 3. | 4. | 5. |

1. Tú _____

2. Luis _____

3. Silvia y Juana _____

4. José y yo _____

5. Ustedes _____

Gramática B *The verb estar*

> **¡AVANZA!**   **Goal:** Use the verb **estar** to express location and emotional states.

1 Contesta con la forma correcta de *estar* y con la emoción más lógica para decir cómo se sienten estas personas.

tranquilo	triste	nerviosa	cansado	emocionados

1. Sarita tiene que ir al dentista, por eso _____ _____ .

2. Cuando estudias lo suficiente para el examen, tú siempre _____
_____ .

3. Cuando el equipo de fútbol gana, nosotros siempre _____
_____ .

4. Lupita se fue a vivir lejos. Por eso su amiga Rita _____ .

5. ¡Uy! Siempre tengo mucho trabajo en la escuela. Después de clases tengo que practicar
fútbol. Al llegar a casa yo _____ .

2 Las siguientes personas están en diferentes lugares. Completa las oraciones con la conjugación correcta del verbo **estar**.

Modelo: Elena y tú *están en el gimnasio.*

1. Melisa, tú y yo _____

2. Germán _____

3. Francisco y Juanita _____

4. Tú _____

5. Usted _____

6. Los chicos y las chicas _____

3 Expresa cómo estás cuando haces cosas que te gustan o que no te gustan. Escribe oraciones completas.

Modelo: *Cuando camino por el parque, estoy tranquilo.*

1. _____

2. _____

3. _____

4. _____

5. _____

Gramática C *The verb estar*

> **¡AVANZA!** **Goal:** Use the verb **estar** to express location and emotional states.

1 Escribe las preguntas de la conversación por teléfono entre Sandra y Luis. Usa la forma correcta del verbo **estar** en cada pregunta.

Luis: _____

Sandra: Yo estoy bien pero muy ocupada. Pero, _____

Luis: Paco, Juan, Francisco y yo estamos en el gimnasio.

Sandra: Y, _____

Luis: El entrenador está en la cafetería con el profesor de ciencias.

Sandra: _____

Luis: Todos estamos nerviosos. Este es un juego muy importante para nosotros.

Sandra: _____

Luis: Sí, claro que papá, mamá y tú están invitados. Será muy divertido.

2 Escribe cinco oraciones completas para decir dónde se sientan cinco de tus compañeros(as) con relación a otras personas en la clase de español. Usa expresiones de lugar.

Modelo: *Carmen está sentada delante de Marcos y lejos de Rosa.*

1. _____
2. _____
3. _____
4. _____
5. _____

3 Escribe un párrafo para decir dónde están cinco de tus salones de clase y a qué hora tienes cada una. Expresa cómo te sientes en cada clase.

Modelo: *A las siete de la mañana tengo clase de computación con el profesor Rojas. La clase de computación está al lado del salón de español. Esta clase es muy interesante.*

_____
_____
_____
_____
_____
_____
_____

Gramática A *ir + a + place*

> **¡AVANZA!**　**Goal:** Talk about where you go in and around school.

❶ Elige la forma correcta del verbo para decir adónde van los estudiantes. Escribe el verbo en el espacio blanco.

vamos	voy	van	vas	va

1. Rocío _____ a la biblioteca para escribir un informe de ciencias.
2. Eduardo y Esteban _____ al gimnasio para practicar deportes.
3. Claudia y yo _____ a pasar un rato con los amigos.
4. ¿No _____ tú a la biblioteca para estudiar para el examen?
5. Yo _____ a la clase de música.

❷ Escribe la forma correcta del verbo *ir a* para completar la nota que te deja tu madre.

Antes de salir con tus amigos debes **1.** _____ la casa de Andrés a
buscar a tu hermana. Luego, los dos **2.** _____ la clase de piano.
Después, tú **3.** _____ la biblioteca a dejar los libros y tu hermana
4. _____ la práctica de fútbol.

❸ Andrés te cuenta adónde él y sus amigos van durante un día de escuela.

Modelo: 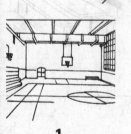 Fernando, Marcelo y Gustavo *van a la biblioteca.*

 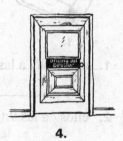

1.　　　　　　　　**2.**　　　　　　　　**3.**　　　　　　　　**4.**

1. Martín, Rosa y yo _____
2. Ramón _____
3. Linda _____
4. Emilia y Victoria _____

Gramática B *ir + a + place*

> **¡AVANZA!**   **Goal:**   Talk about where you go in and around school.

1 Escribe la forma correcta de **ir** en la siguiente conversación con Marta.

  1. A las ocho yo _____ a la clase de matemáticas. Y tú, Marta, ¿adónde _____?

  2. Si tú _____ a la clase de historia, ¿adónde _____ Rosendo?

  3. A las diez tú y yo _____ a la clase de arte. Y después tú y Miguel _____ al gimnasio, ¿no?

  4. Nancy y yo _____ juntos a la clase de ciencias a las once. ¿_____ Javier y tú a la misma clase después de gimnasio?

  5. Bueno, todos tenemos almuerzo a la misma hora. ¿_____ yo contigo, o _____ tú con tus amigas?

2 Escribe adónde van los alumnos durante el día y a qué hora van.

Modelo:

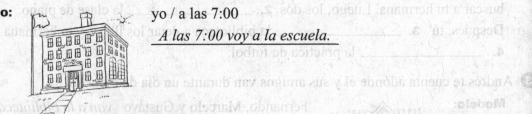

yo / a las 7:00

A las 7:00 voy a la escuela.

    1.   **2.**   **3.**   **4.**

  1. nosotros / a las 8:00

_____

  2. ellos / a las 9:00

_____

  3. ustedes / a las 11:00

_____

  4. tú / a las 2:00 p.m.

_____

Gramática C _ir + a + place_

Level 1A Textbook pp. 134–137

> **¡AVANZA!** **Goal:** Talk about where you go in and around school.

1 Imagina que eres inspector de tu escuela por una semana. Lee la información del cuadro y escribe oraciones completas sobre lo que hace cada persona, dónde y cuándo lo hace.

Modelo: *El lunes, el Sr. López y la Sra. López van a la oficina del director.*

DIA	PERSONA/S	LUGAR
lunes	Sr. López y la Sra. López	oficina del director
martes	Sr. Sánchez	clase de español
miércoles	Sra. Alvarez y tú	gimnasio
jueves	todos	cafetería
viernes	Srta. Guzmán	biblioteca

1. _____
2. _____
3. _____
4. _____

2 Contesta las preguntas para decir adónde vas y adónde van otros, según la situación. Usa frases completas con el verbo *ir*.

Modelo: *¿Adónde vas cuando... quieres tocar la guitarra?*

Yo _voy a la clase de música_, pero mi primo _va a la cafetería_.

¿Adónde vas cuando...

1. ...tienes que estudiar? Yo _____ pero otras personas _____ .

2. ...quieres divertirte? Yo _____ pero mi mejor amigo _____ .

3. ...necesitas descansar? Yo _____ pero mis amigas _____ .

4. ...tienes que escribir correos electrónicos? Yo _____ pero mi hermano _____ .

3 ¿Adónde van tus profesores? Escribe oraciones completas en los espacios de abajo y usa los nombres de tus profesores.

Modelo: *El martes a las 9:00, el Sr. Adams va a la clase de matemáticas.*

_____
_____
_____

Gramática adicional

¡AVANZA! **Goal:** Learn and practice masculine and feminine nouns.

Masculine and feminine nouns: exceptions

En español, los sustantivos que terminan en **-o** generalmente son masculinos, mientras los que terminan en **-a** son femeninos. No obstante, hay algunas excepciones. Por ejemplo, **día, mapa, planeta,** y **sofá** son siempre masculinos. Lo mismo ocurre con muchos de los sustantivos que terminan en **-ma**.

el idioma	el poema	el programa	el sistema	el telegrama

La palabra **mano** es femenina, igual que las versiones cortas de sustantivos femeninos más largos.

la disco (discoteca)	la foto (fotografía)	la moto (motocicleta)

Los sustantivos asociados con el trabajo o los roles que terminan en **-ista** o **-eta** pueden ser o masculinos o femininos, dependiendo del género del individuo a quien se refieren.

el(la) dentista	el(la) turista	el(la) poeta

Escribe una M si las palabras son masculinas y una F si las palabras son femeninas.

el mapa	M	la foto	
la disco		el aroma	
la mano		el problema	
el síntoma		el clima	
la artista		la radio	
el deportista		el poeta	
el tema		el planeta	

UNIDAD 2 Lección 2 — Gramática adicional

Integración: Hablar

| ¡AVANZA! | **Goal:** Respond to written and oral passages about likes and dislikes. |

Lee con atención el siguiente artículo de un periódico escolar de un colegio en México.

Periódico escolar

Libro 1 numero 3

DESAPARECEN ÚTILES ESCOLARES

GIMNASIO, Edificio de actividades – Un estudiante informó a este periódico que el viernes pasado se le perdieron varios útiles escolares, entre ellos, una computadora que sus padres le regalaron en su cumpleaños. El estudiante dijo en la dirección que no recordaba si le había puesta seguro a su armario. Los objetos se perdieron entre las diez y once de la mañana, durante la clase de gimnasia del segundo grado. El estudiante no fue a clases ese día porque estaba enfermo y sólo vino a la escuela a la hora de salida para recoger la tarea. Cuando abrió su armario se dio cuenta que estaba vacío. El estudiante también perdió una mochila verde con azul que contenía dos plumas, una regla T, una calculadora, varios cuadernos y libros. Hay mil pesos de recompensa para quien dé información sobre los objetos desaparecidos.

Escucha el siguiente mensaje telefónico. Toma nota y después completa la actividad.

HL CD 1, tracks 13–14

¿Cómo crees que se sintió el estudiante al ver que su armario estaba vacío? ¿Cómo te sentirías tú si te pasara algo similar? De acuerdo al mensaje, ¿te parece que fue una broma divertida? ¿Por qué?

Integración: Escribir

Goal: Listen and respond to written and oral passages describing location.

Observa con atención el siguiente mapa de una escuela secundaria.

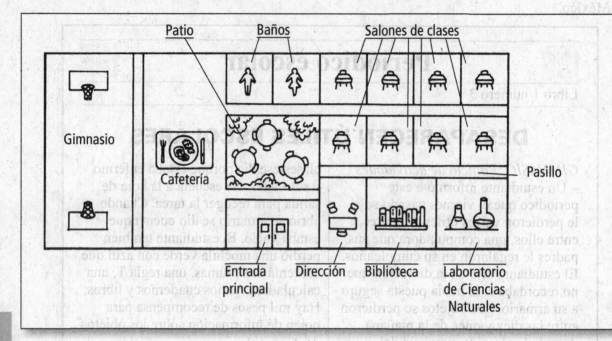

Escucha el siguiente mensage telefónico que un amigo le deja a Samuel. Después realiza la actividad.

HL CD 1, tracks 15–16

Escribe brevemente por qué son importantes las rutas de emergencia. Con base en el mapa, escribe una lista de instrucciones para la ruta de escape de emergencia de la escuela.

_____

_____

_____

_____

_____

_____

_____

_____

_____

_____

UNIDAD 2 Lección 2

Integración: Escribir

86

Unidad 2, Lección 2
Integración: Escribir

¡Avancemos! 1
Cuaderno para hispanohablante

Lectura A

| ¡AVANZA! | **Goal:** Read about how people feel and where things are located. |

Teresa es una estudiante nueva en la escuela. Lee la conversación entre ella y la maestra Gómez. Luego responde a las preguntas de comprensión y habla sobre tu experiencia.

Teresa y su primer día de clases

MAESTRA: ¡Hola! ¿Cómo te llamas?

TERESA: Me llamo Teresa Torres.

MAESTRA: Hola Teresa. Yo me llamo María Gómez y soy la maestra de arte. Veo que estás nerviosa. ¿Qué te pasa?

TERESA: No sé dónde está mi cuaderno para la clase de español. No sé dónde está mi calculadora para la clase de matemáticas.

MAESTRA: Tranquila Teresa. Tu cuaderno está debajo de la ventana. Tu calculadora está encima de la silla de Juanita. ¿La ves?

TERESA: ¡Gracias maestra! Soy nueva y hoy es mi primer día de clases. Estoy muy nerviosa. No sé dónde están los salones de clase.

MAESTRA: Yo te voy a ayudar a saber dónde están los salones.

TERESA: ¿Dónde está la clase de español? ¿Está lejos?

MAESTRA: La clase de español está cerca de la oficina del director. Camina por el pasillo y al lado de la cafetería está la clase de español.

TERESA: ¡Gracias maestra! Me voy a la clase de español. ¡Nos vemos!

¿Comprendiste? Responde a las siguientes preguntas con oraciones completas.

1. ¿Por qué dice Teresa que está nerviosa?

_____

2. ¿Dónde están el cuaderno y la calculadora de Teresa?

_____

3. ¿Cómo ayudó la maestra a Teresa?

_____

¿Qué piensas? ¿Pierdes las cosas con frecuencia? Piensa en alguna situación divertida en que perdiste algo. Describe qué perdiste y cómo lo encontraste.

_____

_____

Lectura B

| ¡AVANZA! | **Goal:** Read about how people feel and where things are located. |

Querido abuelo:

Ahora estoy cansada por los deportes que tengo que hacer todos los días. Pero estoy muy contenta. La clase más difícil que tengo es la de historia. Tengo que estudiar mucho y tomar muchos apuntes. Mañana tengo examen. La maestra nos va a pedir que pasemos al pizarrón a contestar las preguntas. ¡Estoy muy nerviosa! Nunca estoy contenta cuando tengo que contestar en frente de toda la clase. El examen es sobre la historia de la fotografía. Tengo muchos apuntes en mi cuaderno para estar tranquila. Es a las once menos diez de la mañana. Voy a estudiar unas horas en la biblioteca hoy en la tarde. Necesito sacar una buena nota, como siempre. Antes del examen tengo clase de música. Quiero aprender a tocar la guitarra. La clase de música está lejos de la clase de historia. Entonces tengo que salir de allí antes de que termine, para llegar temprano al examen. ¡Ah! También tengo otras clases, como matemáticas, inglés, ciencias y español. ¡Estudio como cualquier persona normal! Bueno, espero que estés bien, abuelito. Te quiero mucho,

Alicia

❶ ¿Comprendiste?

1. ¿Por qué dice Alicia que estudia como una persona normal?

_____

_____

2. ¿Cuántas clases tiene Alicia en total?

_____

3. ¿Qué materiales va a usar Alicia en su examen?

_____

❷ ¿Qué piensas? ¿Cuántas clases tienes tú en total? ¿Cuál clase te gusta más? ¿Por qué? ¿Te pones nervioso(a) cuando tienes un examen? ¿Por qué sí o por qué no?

_____

_____

_____

_____

Lectura C

| ¡AVANZA! | **Goal:** Read about how people feel and where things are located. |

Dominic tiene una clase en la escuela muy interesante. Lee sobre su vida en la escuela. Luego responde a las preguntas de comprensión y habla sobre tu experiencia.

La clase de Dominic

¡Hola! Mi nombre es Dominic Saavedra y soy méxicoamericano. Nací en Los Ángeles, California, hace dieciséis años. Mi madre también es de California, se llama Carolina y es muy linda. Mi padre Roberto es de la ciudad de Chihuahua y es alto y guapo. Tengo un hermano que se llama Daniel, pero todos en la casa le decimos Dan. Él es un año menor que yo. Somos casi gemelos porque vamos juntos a todas partes.

En la escuela vamos juntos a la clase de ciencias. En realidad es una clase de «cómo ver cosas debajo de la lente de un microscopio». A veces es biología, a veces química, a veces astronomía. El maestro es médico cirujano. Lo que más le gusta hacer es enseñar y nos da clases de todo. El maestro es muy bueno y como todos en la clase le tenemos cariño le decimos de apodo «El Profe».

Hoy tenemos una tarea con él. Vamos a analizar tierrita por el microscopio. La idea es distinguir entre lo que es basura y un meteorito. Tenemos que usar el método científico. Dan y yo subimos a la azotea de la casa a recoger la tierra que encontramos en el techo. En la azotea encontramos diferentes muestras de tierra para poner debajo de la lente del microscopio. El profesor va a estar contento con nosotros porque vamos a llevar muchas muestras. Tal vez nos pregunte de dónde sacamos las muestras. Y Dan y yo vamos a decir «¡Las sacamos de la casa!»

A veces «El Profe» es muy serio. Él no desperdicia el tiempo y de inmediato nos hace sacar los cuadernos, tomar apuntes, preparar el microscopio, formular una hipótesis en el pizarrón, describir los datos y lo que vamos a observar, hacer el experimento y sacar conclusiones. Cuando termine el año escolar, Dan y yo vamos a ser expertos en el método científico.

2 **¿Comprendiste?** Responde a las siguientes preguntas con oraciones completas.

1. ¿Cómo es la familia de Dominic?

_____

_____

_____

2. ¿Qué aprenden los chicos en la clase de ciencias?

_____

_____

3. ¿Adónde van los hermanos para hacer la tarea?

_____

4. Según Dominic, ¿cómo va a reaccionar El Profe con la tarea?

_____

3 **¿Qué piensas?** ¿Cómo es tu clase de ciencias? ¿Qué hacen los alumnos en esa clase? Haz una breve explicación de cómo estudias el método científico.

_____

_____

_____

_____

_____

Escritura A

¡AVANZA!	**Goal:** Describe where things are located and how people feel.

Quieres conocer mejor a un(a) compañero(a) nuevo(a) de la escuela. Después llegas a casa y le cuentas a tus familiares cómo es tu compañero(a)

1 Escribe los datos de tu compañero(a).

Nombre del compañero(a)	
¿De dónde es?	
¿Cuáles clases le gustan más?	
¿Cuál es su lugar favorito de la escuela?	
¿Cómo lo / la describes físicamente?	
¿Cómo se siente en la escuela?	
¿Qué actividades le gusta hacer?	
¿En qué clases está contigo?	

2 Escribe un párrafo de cinco renglones con oraciones completas para contar cómo es tu compañero(a). Asegúrate de que tu párrafo contenga: 1) la información de la primera actividad; 2) oraciones completas y lógicas; 3) los verbos en presente. Por ejemplo: *Tengo un(a) compañero(a) nuevo(a)* y 4) la ortografía correcta.

_____

_____

_____

_____

_____

3 Evalúa tu párrafo con la siguiente información.

	Crédito máximo	Crédito parcial	Crédito mínimo
Contenido	Tu párrafo contiene la información de la primera actividad, y oraciones completas y lógicas.	Tu párrafo no contiene alguna información de la primera actividad. Algunas oraciones están incompletas o no son lógicas.	Tu párrafo contiene muy poca información de la primera actividad. Muchas oraciones están incompletas y no son lógicas.
Uso correcto del lenguaje	Tu párrafo contiene verbos en presente y la ortografía es correcta.	Tu párrafo contiene algunos errores en la conjugación de los verbos en presente. Hay algunos errores de ortografía.	Tu párrafo contiene muchos errores en la conjugación de los verbos en presente y muchos errores de ortografía.

Escritura B

¡AVANZA! **Goal:** Describe where things are located and how people feel.

Tu escuela es muy grande y Alina, una alumna nueva, te pide que la ayudes a llegar del salón de clase de inglés a la biblioteca.

1 Escribe en la tabla una lista de los lugares de importancia o de algunos objetos que le indican a Alina que va por buen camino. Describe cada objeto o lugar.

Objeto o lugar	Descripción

2 Escribe las instrucciones para ayudarle a Alina a ir del salón de clase de inglés a la biblioteca. Escribe oraciones completas y lógicas. Asegúrate de que las instrucciones para Alina tengan: 1) palabras que indican una secuencia, como «**primero, luego, después, por último**»; 2) palabras para indicar cuántos minutos le toma llegar de un lugar a otro; 3) verbos de acción para decir cómo ir de un lugar a otro; 4) objetos, formas, colores o lugares para aclarar las instrucciones y 5) ortografía correcta.

_____

_____

_____

_____

_____

3 Evalúa tus instrucciones con la siguiente tabla.

	Crédito máximo	Crédito parcial	Crédito mínimo
Contenido	Tus instrucciones tienen palabras que indican secuencia, palabras que indican tiempo, verbos de acción y palabras para aclarar las instrucciones.	En tus instrucciones no siempre usas palabras tienen que indican secuencia o tiempo. Te faltó usar más verbos de acción y palabras para aclarar las instrucciones.	Tus instrucciones no tienen una secuencia. Tampoco usas palabras que indican tiempo, verbos de acción o palabras para aclarar las instrucciones.
Uso correcto del lenguaje	No tienes errores de ortografía.	Tienes algunos errores de ortografía.	Tienes muchos errores de ortografía.

92

UNIDAD 2 Lección 2

Escritura B

Unidad 2, Lección 2
Escritura B

¡Avancemos! 1
Cuaderno para hispanohablante

Escritura C

¡AVANZA!	**Goal:** Describe where things are located and how people feel.

Tus compañeros(as) de clase están muy interesados(as) en ayudar a cambiar la imagen del salón de clase. Para esto, escribes algunas sugerencias a tu profesor(a).

1 Observa los objetos del salón de clase. Escribe qué cosas se deben cambiar de lugar, qué cosas se necesitan pero no están, y qué cosas ya no se necesitan.

Se deben cambiar de lugar:	Se necesitan:	Ya no se necesitan:

2 Escribe tus sugerencias a tu profesor, con base en la información anterior. Explica por qué haces estas sugerencias. Escribe tu informe con: 1) oraciones completas y lógicas; 2) palabras para describir lugares; 3) palabras para expresar sentimientos; 4) detalles de la nueva decoración y 5) verbos y ortografía correcta.

_____

_____

_____

_____

_____

3 Evalúa tus sugerencias con la siguiente tabla.

	Crédito máximo	Crédito parcial	Crédito mínimo
Contenido	Usas oraciones completas y lógicas, palabras para describir lugares y para expresar sentimientos y detalles de la nueva decoración.	Casi siempre usas oraciones completas y lógicas, palabras para describir lugares, para expresar sentimientos y detalles de la nueva decoración.	No usas oraciones completas y lógicas, palabras para describir lugares, palabras para expresar sentimientos y detalles de la nueva decoración.
Uso correcto del lenguaje	No tienes errores en el uso de los verbos y de la ortografía.	Tienes algunos errores al usar los verbos y la ortografía.	Tienes muchos errores al usar los verbos y la ortografía.

UNIDAD 2 Lección 2   Escritura C

Cultura A

> | ¡AVANZA! | **Goal:** Write about yourself and the activities that you like and dislike. |

1 ¿Son ciertas o falsas estas oraciones sobre *Mi clase favorita*? Encierra en un círculo la respuesta correcta. Usa la información de tu libro para responder.

   1. Tomás Gutiérrez Moreno vive en Guadalajara, México.   C   F

   2. La clase favorita de Tomás es español.   C   F

   3. María González vive en Punta Cana, República Dominicana.   C   F

   4. María quiere estudiar idiomas y trabajar con el turismo.   C   F

   5. Tomás y María tienen planes para seguir estudiando.   C   F

2 Observa el plano del Museo Nacional de Antropología de México. Escribe el nombre de cuatro salas o lugares que te gustaría visitar en el museo.

   1. _____

   2. _____

   3. _____

   4. _____

3 ¿Quién fue Frida Kahlo? ¿Qué tipo de obras pintó con mayor frecuencia? Si tuvieras que hacer un autorretrato de ti mismo, ¿qué características incluirías? Escribe oraciones completas que describan tus respuestas a las preguntas anteriores.

_____

_____

_____

_____

Cultura B

> **¡AVANZA!** **Goal:** Use and strengthen cultural information about Mexico.

1 Usa la información de tu libro para responder en oraciones completas a las siguientes preguntas sobre México y su cultura.

1. ¿Qué es en realidad la Piedra del Sol? Observa la fotografía de la página 130.

_____

2. ¿En dónde está el Museo Nacional de Antropología?

_____

3. ¿Quién fue Frida Kahlo?

_____

4. ¿Cómo se llama el museo en Asunción, Paraguay que contiene objetos de la cultura indígena del país?

_____

2 México cuenta con muchas unversidades importantes. ¿Cuál es la universidad más grande de México? ¿Te gustaría conocerla? ¿Por qué?

_____

_____

3 Observa las fotografías de las universidades de México y de República Dominicana en la página 142 y 143 de tu libro. ¿En qué se parecen los edificios de las dos universidades? ¿Cómo reflejan la cultura de ambos países? Escribe un párrafo corto.

_____

_____

_____

UNIDAD 2 Lección 2   Cultura B

Cultura C

> **¡AVANZA!**   **Goal:**   Use and strengthen cultural information about México.

1 Explica quién fue Frida Kahlo y por qué es importante su aportación al arte mexicano. Luego, describe la fotografía de la página 137 en tu libro. Escribe un párrafo corto usando oraciones completas.

_____

_____

_____

_____

_____

2 Vuelve a leer las composiciones de *Mi clase favorita* en la página 142 en tu libro. Contesta las siguientes preguntas usando oraciones completas.

1. ¿Qué desea Tomás Gutiérrez estudiar en la universidad? ¿Por qué?

_____

2. ¿Qué te gustaría estudiar a ti?

_____

3. ¿Cuáles son las clases favoritas de María González?

_____

4. ¿Por qué crees que el turismo es importante para cualquier país?

_____

5. ¿Qué lugares turísticos hay en la ciudad donde vives?

_____

3 Imagina que tu clase irá de visita al Museo Nacional de Antropología de México. Escribe un párrafo que describa el recorrido que te gustaría hacer por el museo. Incluye los nombres y el orden de las salas o lugares que te gustaría visitar.

_____

_____

_____

_____

_____

_____

Comparación cultural: Horarios y clases

Lectura y escritura

Después de leer los párrafos donde Rafael, Andrea y Juan Carlos describen la forma en que pasan el día en la escuela, escribe un párrafo sobre tu propio horario. Usa la información de los relojes para escribir las oraciones y después escribe un párrafo sobre tu horario.

Paso 1

Completa los dos relojes con una lista de tu clases y actividades que haces después de la escuela. Indica las horas correctas con flechas.

clase   a.m.   p.m.   actividad

Ahora toma los datos de los dos relojes y escribe una oración para cada una de las actividades que indicaste en los relojes.

_____

_____

_____

_____

_____

Comparación cultural: Horarios y clases

Lectura y escritura
(continuación)

Paso 3

Ahora escribe tu párrafo usando las oraciones que escribiste como guía. Incluye una oración introductoria y utiliza los verbos **tener**, **tener que**, **ir**, **ir a** para describir tu horario.

_____

_____

_____

_____

_____

_____

_____

Lista de verificación

Asegúrate de que...

☐ todos los datos del horario que pusiste en los relojes estén incluidos en el párrafo;

☐ das detalles para describir claramente todas las actividades que haces después de la escuela;

☐ incluyes nuevas palabras de vocabulario y los verbos **tener**, **tener que**, **ir** e **ir a**.

Tabla

Evalúa tu trabajo usando la tabla siguiente.

Criterio de escritura	Excelente	Bueno	Necesita mejorar
Contenido	Tu párrafo incluye muchos datos acerca de tu horario.	Tu párrafo incluye algunos datos acerca de tu horario.	Tu párrafo incluye muy pocos datos acerca de tu horario.
Comunicación	La mayor parte de tu párrafo está organizada y es fácil de entender.	Partes de tu párrafo están organizadas y son fáciles de entender.	Tu párrafo está desorganizado y es difícil de entender.
Precisión	Tu párrafo tiene pocos errores de gramática y de vocabulario.	Tu párrafo tiene algunos errores de gramática y de vocabulario.	Tu párrafo tiene muchos errores de gramática y de vocabulario.

Comparación cultural: Horarios y clases
Compara con tu mundo

hora escribe una comparación de tu horario y el de uno de los tres estudiantes que
parecen en la página 149. Organiza tus comparaciones en actividades que haces por
 mañana y actividades que haces por la tarde. Incluye también las clases.

Paso 1

tiliza el cuadro para organizar las comparaciones por tema. Escribe tus datos y los
el (de la) estudiante que escogiste para cada uno de los temas.

Mi horario a.m.	El horario de _____ a.m.
8:00	8:00
9:00	9:00
10:00	10:00
11:00	11:00
12:00	12:00
Mi horario p.m.	**El horario de _____ p.m.**
1:00	1:00
2:00	2:00
3:00	3:00
4:00	4:00
5:00	5:00

Paso 2

hora usa los datos del cuadro para escribir la comparación. Incluye una oración de
ntroducción y escribe sobre cada uno de los temas. Utiliza los verbos **tener, tener
ue, ir, ir a** para describir tu horario y el del (de la) estudiante que escogiste.

_____
_____
_____
_____
_____
_____
_____

Vocabulario A *Mi comida favorita*

¡AVANZA!	**Goal:** Use vocabulary to talk about foods and beverages.

❶ Empareja con una línea la definición de la derecha que corresponde a la palabra o frase de la izquierda.

1. ahora   **a.** delicioso

2. tener hambre   **b.** querer beber algo

3. nutritivo   **c.** bueno para la salud

4. tener ganas de   **d.** querer comer algo

5. tener sed   **e.** en este momento

6. rico   **f.** querer hacer algo

❷ Completa el cuadro con lo que comen y beben tú y tu familia los sábados.

el desayuno	el almuerzo	la cena
1. *el café*	1. _____	1. _____
2. _____	2. _____	2. _____
3. _____	3. _____	3. _____
4. _____	4. _____	4. _____

❸ Contesta las preguntas sobre lo que te gusta comer con oraciones completas.

1. ¿Comes el desayuno? ¿Por qué (no)?

_____

2. ¿Cuál te gusta más, el desayuno o el almuerzo? ¿Por qué?

_____

3. ¿Qué comidas nutritivas venden en la cafetería de la escuela?

_____

4. ¿Qué tipo de jugo es tu jugo favorito?

_____

5. Cuando tienes hambre, ¿qué comes?

_____

Vocabulario B *Mi comida favorita*

> **¡AVANZA!**   **Goal:**   Use vocabulary to talk about foods and beverages.

❶ Subraya la palabra que mejor completa la oración.

Modelo: Por lo general como (la cena / el almuerzo) al mediodía.

1. Prefiero comer pan y (huevos / cena) para el desayuno.

2. Me gusta (la hamburguesa / la leche) con chocolate que prepara mi abuela.

3. (El café / La sopa) y el jugo son dos bebidas.

4. Para preparar un sándwich, necesito jamón y (yogur / queso).

5. Cuando tengo ganas de comer fruta, como (manzanas / pan).

❷ Escribe la palabra correcta para completar cada oración.

la cena	nutritiva	sed	la comida	el desayuno	rica	sopa

Modelo: Cuando estoy enferma, mi mamá me prepara una *sopa* de pollo.

1. Es importante comer comida _____ para la buena salud.

2. Siempre como _____ con la familia a las seis de la tarde.

3. Cuando tengo _____ me gusta beber jugo de naranja.

4. Me gusta la fruta de Puerto Rico porque es muy _____.

5. Como _____ todos los días a las ocho de la mañana.

6. _____ favorita de mi familia es la sopa que prepara mi papá.

❸ Contesta las preguntas sobre lo que te gusta comer con oraciones completas.

Modelo: ¿Qué comes cuando tienes hambre?   *Cuando tengo hambre como pan.*

1. ¿Qué bebida te gusta más? _____

2. ¿Qué comes en el desayuno? _____

3. ¿Cuál es tu comida favorita? _____

4. ¿Qué frutas te gustan más? _____

102   Unidad 3, Lección 1
Vocabulario B

UNIDAD 3 Lección 1
Vocabulario B

¡Avancemos! 1/
Cuaderno para hispanohablantes

Vocabulario C *Mi comida favorita*

¡AVANZA!	**Goal:** Use vocabulary to talk about foods and beverages.

1 Escribe la palabra correcta para completar el diálogo entre José y Ramón.

José: ¡Hola, Ramón! ¿Tienes **1.** _____ ? ¿Quieres comer?

Ramón: Sí. Son las nueve de la mañana y quiero comer un buen desayuno y beber

2. _____ de naranja.

José: ¿Por qué no vamos a la casa de mi abuela? Siempre hornea

3. _____ fresco para el desayuno.

Ramón: Sí, y siempre tiene muchas **4.** _____ frescas como manzanas y

bananas para comer con yogur.

José: ¡Vamos! Si queremos un desayuno fuerte, ella prepara **5.** _____

revueltos con jamón.

2 Alejo entrevista a Teresa sobre las tres comidas. Escribe las respuestas de Teresa.

Modelo: **Alejo:** ¿Cuál es tu comida diaria preferida?

Teresa: *Prefiero el almuerzo.*

1. **Alejo:** ¿Qué comes para el desayuno normalmente?

Teresa:_____

2. **Alejo:** ¿Qué te gusta comer para el almuerzo?

Teresa:_____

3. **Alejo:** ¿Qué te gusta comer para la cena?

Teresa:_____

4. **Alejo:** ¿Qué comidas no te gustan para nada?

Teresa:_____

5. **Alejo:** Cuando tienes sed, ¿qué prefieres beber?

Teresa:_____

3 Escribe un párrafo de seis oraciones completas para describir tu comida favorita del día. Menciona cuándo y qué comes y con quién(es). También explica por qué comes lo que comes.

_____

_____

_____

_____

_____

Vocabulario adicional *Homófonos*

¡AVANZA!	**Goal:**	Distinguish the meanings of homophones, or words that are pronounced the same but spelled differently.

Las palabras **homófonas** son aquellas que suenan igual pero se escriben diferente y tienen un significado diferente. Por ejemplo:

- sumo ⟶ Yo sumo las cantidades. (sumar)
- zumo ⟶ El zumo de naranja es nutritivo. (jugo)

- vaya ⟶ Vaya a Puerto Rico. (ir)
- valla ⟶ El atleta se tropezó con la última valla. (obstáculo)

- coser ⟶ Tengo que coser los pantalones rotos. (usar aguja e hilo)
- cocer ⟶ Tengo que cocer las verduras. (cocinar)

- hecho ⟶ Fue un hecho heroico. (suceso)
- echo ⟶ Echo los papeles en la basura. (echar)

- ciento ⟶ El vestido me costó ciento veinte dólares. (De cien.)
- siento ⟶ Siento que no vengas a la fiesta. (sentir) Me siento en la silla. (sentarse)

❶ La señora Páez dejó una lista de quehaceres para su hijo Alan. Encierra en un círculo el homófono correcto en la segunda columna de la tabla para completar la lista.

1.	Cómprame un _____ de servilletas.	ciento / siento
2.	Exprime las naranjas para hacer el _____ .	sumo / zumo
3.	Tienes que _____ las verduras en la olla eléctrica.	coser / cocer
4.	Dile a tu hermano que _____ a la frutería por las uvas.	valla / vaya

❷ La mamá de Nancy se fue de vacaciones a Puerto Rico. Encierra en un círculo los homófonos que Nancy utilizó correctamente en su correo electrónico y subraya los que usó mal.

Mamá: Mañana es la carrera de obstáculos en la que voy a competir. Ojalá que esta vez no me caiga en la primera vaya. El echo es que estoy muy nerviosa porque te echo de menos. Zumo los días que has estado en San Juan y ya son muchos. Entro en la cocina y pienso en el pollo que sabes coser tan rico. Pero no estás aquí y sola me siento en la silla del patio para recordarte. Tu hija, Nancy

Gramática A *Gustar with nouns*

¡AVANZA!	**Goal:** Use the verb **gustar** to talk about what people like.

1 Completa las oraciones con la forma correcta del verbo **gustar** para indicar lo que les gusta a Flora y a Diana.

le gusta	les gusta	le gustan	les gustan

1. A Diana y a Flora _____ los tostones de San Juan.

2. A Flora no _____ el jugo de manzana.

3. A Diana _____ la pizza para el almuerzo.

4. Las hamburguesas _____ a Flora.

5. No _____ a ellas beber mucha leche.

6. A Flora no _____ para nada el café.

2 Lee la conversación entre Ana y Jorge y completa cada oración con la forma correcta del verbo **gustar**.

Jorge: Ana, ¿a ti te **1.** _____ el cereal para el desayuno?

Ana: No, no me **2.** _____. Pero me **3.** _____ los huevos con queso.

Jorge: ¿Qué les **4.** _____ beber a ti y a tu familia?

Ana: A nosotros nos **5.** _____ el jugo de naranja y el café.

Jorge: A tus papás les **6.** _____ mucho las comidas nutritivas.

Ana: Sí, a ellos siempre les **7.** _____ comer un desayuno nutritivo.

3 Unos chicos en la cafetería se hacen preguntas sobre la comida. Usa los nombres de las personas para formar preguntas con el verbo **gustar**. Escribe oraciones completas y sigue el modelo.

Modelo: Sofía / la sopa fría

¿Le gusta a Sofía la sopa fría?

1. Marco / la comida nutritiva

_____

2. Victoria y Aurelio / el café

_____

3. tú / los jugos de fruta

_____

Gramática B *Gustar with nouns*

> **¡AVANZA!** **Goal:** Use the verb **gustar** to talk about what people like.

1 Completa las oraciones sobre lo que le gusta a Carlos con la forma correcta del verbo **gustar**.

A Carlos no le **1.** _____ el jugo de naranja. Pero sí le

2. _____ los huevos con jamón y le **3.** _____ la leche

fría. Para el almuerzo, a Carlos le **4.** _____ los tostones y también

le **5.** _____ el pollo en salsa roja con arroz. De postre, a Carlos

le **6.** _____ las frutas y los pasteles. En la noche, a Carlos le

7. _____ el pan dulce. De vez en cuando, antes de dormir, a Carlos

le **8.** _____ el cereal. ¿Qué te gusta más comer a ti?

2 ¿Qué les gusta? Escribe oraciones completas indicando los gustos de cada persona. Sigue el modelo.

Modelo: mis compañeros de clase / cereal

A mis compañeros de clase les gusta el cereal.

1. yo / pan y café

_____

2. mi maestra de español / yogur

_____

3. mis amigos y yo / pizza con mucho queso

_____

4. mis hermanas / hamburguesas

_____

5. tú / manzanas

_____

3 Escribe cinco oraciones sobre tus gustos, los de tu mejor amigo(a) y los de tu familia. ¿Qué les gusta o no les gusta comer? ¿Qué les gusta o no les gusta beber?

1. _____

2. _____

3. _____

4. _____

5. _____

Gramática C *Gustar* with nouns

> **¡AVANZA!**   **Goal:**   Use the verb **gustar** to talk about what people like.

1 ¿Qué les gusta o no les gusta a las siguientes personas? Combina los elementos de cada cuadro para escribir oraciones completas.

a Juan	las bebidas nutritivas
a ella	las manzanas
a la amiga de Paula	desayunar rápido
a mis padres y a mí	comer plátanos
a Jorge y a Laura	compartir el postre
a ti	el café

1. _____

2. _____

3. _____

4. _____

5. _____

6. _____

2 Mira el menú del cocinero Valiente. Escribe cinco oraciones completas para indicar lo que te gusta y no te gusta del menú. También explica qué les gusta y no les gusta a tus amigos(as).

Menú del cocinero Valiente

Sopa de tomate

Huevos revueltos con tomate y cebolla

Pizza con jamón y queso

Hamburguesas

Arroz con pollo

Galletas

Jugo de manzana

Jugo de naranja

Café con leche

Chocolate caliente

_____

_____

_____

_____

_____

_____

_____

_____

_____

_____

_____

UNIDAD 3 Lección 1

Gramática C

Gramática A *Present tense of -er and -ir verbs*

| ¡AVANZA! | **Goal:** Use the present tense of **-er** and **-ir** verbs to talk about various activities. |

1 Empareja la forma correcta de cada verbo con los sujetos correspondientes para saber lo que hacen estas personas.

1. _____ Tú...
2. _____ Nosotros...
3. _____ Ustedes...
4. _____ Yo...
5. _____ Carla...

  a. compartimos una ensalada durante la cena.
  b. siempre comen hamburguesas con queso.
  c. hace su tarea y come al mismo tiempo.
  d. no lees el periódico porque tienes que ir a la escuela.
  e. no escribo cartas porque estoy muy ocupado.

2 Rodrigo y Elena están en un café. Completa la conversación con el verbo correcto.

Rodrigo: Las hamburguesas que ellos **1.** _____ aquí son muy ricas. (vender)

Elena: ¿ **2.** _____ tú y yo una? (Compartir)

Rodrigo: No, gracias. ¿Por qué no **3.** _____ tú y yo una ensalada? (comer)

Elena: Sí, sí. Y también quiero saber si ellos **4.** _____ pizzas. (hacer)

Rodrigo: ¿Por qué no **5.** _____ tú el menú? (leer)

Elena: ¡Ah, fantástico, porque yo no **6.** _____ la pizza con nadie! (compartir)

3 Lee las siguientes oraciones y cambia el verbo para hacer la oración lógica. Sigue el modelo.

Modelo: Nosotros escribimos el periódico todas las mañanas.

    Nosotros leemos el periódico todas las mañanas.

1. Tú bebes manzanas todas las mañanas.

_____

2. Mis amigas comen cartas a sus padres.

_____

3. Nosotros comemos mucho jugo.

_____

4. Yo corro la tarea después de las clases.

_____

UNIDAD 3 Lección 1

Gramática A

Gramática B *Present tense of -er and -ir verbs*

¡AVANZA!   **Goal:**   Use the present tense of **-er** and **-ir** verbs to talk about various activities.

1 Usa elementos de cada columna para hacer cuatro preguntas a varias personas. Sigue el modelo.

Modelo: *¿Cuándo bebes tú jugo?*

¿Cuándo?	comer	tú	cartas
¿Por qué?	compartir	Santiago	jugo
¿Cuál(es)?	leer	ellas	el menú
	beber	nosotros	la pizza

1. _____

2. _____

3. _____

4. _____

2 Estás en la cafetería y observas qué hacen los demás. Completa las oraciones con la forma correcta del verbo apropiado.

1.   **2.**   **3.**   **4.**

1. Ana y Mateo _____ a una mesa antes de que alguien se las gane.

2. Fernando _____ una revista sin que le moleste el ruido.

3. Ese maestro de ciencias _____ una pizza.

4. Ustedes _____ el almuerzo.

3 Ahora escribe cuatro oraciones completas similares a las anteriores sobre otras cosas que veas en la cafetería.

1. _____

2. _____

3. _____

4. _____

Nombre _____ Clase _____ Fecha _____

Gramática C *Present tense of -er and -ir verbs*

Level 1A Textbook pp. 168–17

¡AVANZA! **Goal:** Use the present tense of **-er** and **-ir** verbs to talk about various activities.

1 Cada persona hace algo diferente. Describe lo que hacen.

1. _____

2. _____

3. _____

2 Responde a las siguientes preguntas con oraciones completas.

1. ¿Qué comes normalmente para el desayuno?

_____

2. ¿Qué beben tú y tus amigos para el almuerzo?

_____

3. ¿Cuándo haces la tarea?

_____

4. ¿Qué comida comparten tus amigos contigo?

_____

3 Escribe un párrafo de seis oraciones para describir tus actividades y las de tus amigos los fines de semana. Usa los verbos **aprender**, **beber**, **comer**, **compartir**, **escribir**, **hacer** y **leer**.

_____

_____

_____

_____

_____

_____

Gramática C UNIDAD 3 Lección 1

Gramática adicional *Las palabras interrogativas*

> **¡AVANZA!** **Goal:** Use interrogative words in indirect questions.

egularmente usas palabras interrogativas como: **¿qué?**, **¿cuándo?**, **¿cómo?** y **¿dónde?** cuando haces una pregunta. Estas palabras requieren un acento escrito.

¿Cómo estás?   ¿De dónde eres?   ¿Cuándo llegaste?

stas palabras también requieren un acento escrito cuando la pregunta es indirecta. bserva los siguientes ejemplos:

Dime **cómo** se llama tu perro.   Avísame **qué** haces esta tarde.

ara saber si necesitas escribir el acento o no, trata de encontrar el sentido nterrogativo en este tipo de oraciones. Debes pensar: ¿Hay una pregunta indirecta n esta oración? Si puedes identificar una pregunta en la oración, entonces la palabra nterrogativa necesita un acento escrito.

Valeria habla con sus amigos durante la hora del almuerzo. Encuentra las preguntas indirectas en las oraciones de Valeria. Empieza tus preguntas con las palabras interrogativas en negritas.

Modelo: Anne me dijo **dónde** compró la falda.
   ¿Dónde compró la falda Anne?

1. Paloma sabe **qué** traer a la reunión.

_____

2. Valentina, enséñame **cómo** decir mi nombre en portugués.

_____

3. León, dime **cuándo** vas a comprar los palos de golf.

_____

4. No sabemos **quién** va a ir al cine este fin de semana.

_____

David escribió la siguiente nota para Alfredo. Léela con cuidado y selecciona la palabra correcta en cada caso.

Alfredo: Hola, ¿cómo estás?

No sé **1.** (donde / dónde) tengo la cabeza esta semana. ¿**2.** (Cual / Cuál) fue la conclusión a la que llegamos? ¿Escribes tú el cuento y yo hago las ilustraciones, o escribo yo el cuento y tú haces las ilustraciones? No quiero contarte **3.** (como / cómo) resolví el problema entre Adriana y Laura pero **4.** (como / cómo) soy un poco indiscreto... Fíjate **5.** (que / qué) tuve que invitar a las dos a ser parte del proyecto. David

Integración: Hablar

¡AVANZA!	**Goal:** Listen and respond to written and oral passages discussing meals and food.

El siguiente menú es de un restaurante en San Juan, Puerto Rico. Subraya las comidas que te gustaría probar.

Fuente 1 Leer

RESTAURANTE MAR AZUL
Menú del día

Aperitivos	Entradas	Acompañamientos
☞ Sopa de verduras	☞ Pescado en salsa	☞ Arroz blanco
Ensaladas de vegetales	Pescado frito	Plátano frito
Ensaladas de frutas	Pasta con pollo	Frijoles
Queso frito	Arroz con pollo	Vegetales
Pequeños sándwiches	Pollo frito	Papas fritas
Refrescos	Carne en salsa negra *	**Postres**
	Sándwiches de jamón y queso	Flan de queso
	Hamburguesas	Flan de la casa
		Helados
		Galletas
		Dulce de leche
		Café

Pregunte por su plato favorito   ☞ Sugerencia del chef   * Picante

---

Escucha el siguiente fragmento de un programa de radio. Toma notas.

Fuente 2 Escuchar

HL CD 1, tracks 17–18

¿Qué platos del restaurante se parecen al plato del audio? Explica en qué se parecen y en qué no separecen?

Integración: Escribir

> | ¡AVANZA! | **Goal:** Listen and respond to written and oral passages discussing meals and food. |

El siguiente fragmento es de un artículo que habla sobre los resultados de una encuesta en las escuelas secundarias de Puerto Rico.

Fuente 1 Leer

LA IMPORTANCIA DEL DESAYUNO

MAYAGÜEZ, Puerto Rico – Los estudiantes del Colegio Cristóbal Colón están contentos. Una encuesta dice que los estudiantes de este colegio sí saben comer. La encuesta se hizo a cien escuelas de Puerto Rico. El 15 de marzo, el 85% de los jóvenes dijo que esa mañana tomaron un desayuno nutritivo. Muchos comieron huevos, pan y queso, y bebieron yogur, leche o jugo de naranja. La encuesta se hizo para investigar qué es lo que comen al desayuno los jóvenes en Puerto Rico. Para sorpresa de todos, el 10% de ellos dijo que comió una fruta al desayuno más de una vez.

Escucha los recuerdos de la Señora Mildred Holguín. Toma notas. Luego completa la actividad.

Fuente 2 Escuchar

HL CD 1, tracks 19–20

Escribe un párrafo para compara lo que comen los estudiantes de la encuesta y lo qué comía doña Mildred.

_____

_____

_____

_____

_____

_____

_____

_____

Lectura A

¡AVANZA! **Goal:** Read and answer questions about likes and dislikes.

➊ Lee el diálogo entre Dora y Ramón y completa las actividades a continuación.

> **DORA:** ¡Tengo hambre! ¿Qué hay para almorzar?
>
> **RAMÓN:** Yo no tengo mucha hambre. Yo sólo quiero comer un sándwich de jamón y queso.
>
> **DORA:** Pues yo tengo ganas de comer sopa, pollo, papas fritas y ensalada. Me gusta mucho el pollo. ¿A ti te gusta el pollo?
>
> **RAMÓN:** No, no me gusta. Me gustan más las hamburguesas.
>
> **DORA:** ¿Qué bebida te gusta?
>
> **RAMÓN:** Me gustan los jugos de frutas. Yo bebo jugo de naranja.
>
> **DORA:** En el almuerzo yo siempre bebo agua.
>
> **RAMÓN:** ¡Mira! También hay fruta. Yo quiero una manzana. ¿Y tú?
>
> **DORA:** No, no tengo ganas de comer fruta. Bueno, ya tenemos todo. Ahora vamos a sentarnos para comer. ¡Qué rico está el pollo! ¡Y qué ricas las papas!
>
> **RAMÓN:** Dora, ¿podemos compartir las papas fritas?
>
> **DORA:** ¿No dices que no tienes hambre? ¡Son mis papas!

➋ **¿Comprendiste?** Escoge la mejor respuesta y encierra en un círculo la letra correspondiente.

1. ¿Cuánta hambre tiene Ramón?
a. mucha hambre
b. poca hambre
c. tanta hambre como Dora
d. No tiene hambre.

2. ¿Qué come y bebe Dora?
a. ensalada, pollo, sopa, papas fritas y jugo
b. ensalada, pollo, arroz, papas fritas y agua
c. ensalada, pollo, sopa, papas fritas y agua
d. ensalada, un sándwich, sopa y papas fritas

3. ¿Qué comida NO le gusta a Ramón?
a. las hamburguesas
b. la fruta
c. las papas fritas
d. el pollo

4. ¿Qué le gusta a Ramón?
a. los jugos de fruta
b. el agua
c. sólo el jugo de naranja
d. la leche

➌ **¿Qué piensas?** ¿Cuál de los dos almuerzos prefieres, el que come Dora o el que come Ramón? ¿Por qué?

_____
_____
_____
_____

Lectura B

 Goal: Read and answer questions about likes and dislikes.

Lee lo que escribió Manuel sobre las comidas y las cosas que les gustan a él y a su hermano. Luego responde a las preguntas y compara su experiencia con la tuya.

> Me llamo Manuel y soy de Puerto Rico. Tengo un hermano menor que se llama David. David y yo nunca estamos de acuerdo.
>
> Por la mañana, antes de ir a la escuela, David y yo comemos un desayuno nutritivo. A mí me gustan los huevos con jamón y un jugo de naranja. A David le gusta el cereal con leche. A mí no me gusta la leche; es horrible.
>
> En la escuela, David y yo comemos el almuerzo en la cafetería. Hoy hay pizza, pero a mí no me gusta. Yo como un bistec con papas fritas y David come pizza y un yogur. Él dice que el yogur es muy rico, pero yo creo que es más horrible que la leche. También bebemos bebidas diferentes: David bebe un jugo de piña y yo bebo un refresco.
>
> Por la tarde, después de hacer la tarea, a mí me gusta dibujar o leer un libro. A David no le gusta leer; a él le gusta practicar deportes y tocar la guitarra.
>
> ¿Verdad que somos diferentes? Pero a los dos nos gusta hablar por teléfono y pasar un rato con los amigos. ¡También nos gusta mucho el arroz con pollo que hace mamá!

¿Comprendiste? Responde a las siguientes preguntas con oraciones completas.

1. ¿Qué les gusta de desayuno a Manuel y a David?

_____

2. ¿A quién no le gusta la leche? Además de la leche, ¿qué alimento hecho de leche no le gusta?

_____

3. ¿Qué cosas les gusta hacer a los dos? ¿Qué comida les gusta a los dos?

_____

_____

¿Qué piensas? Manuel y David comen desayunos diferentes, pero los dos comen desayunos nutritivos. ¿Qué te gusta comer a ti en el desayuno? ¿Es un desayuno nutritivo? ¿Crees que es importante comer un desayuno nutritivo? ¿Por qué?

_____

_____

_____

_____

UNIDAD 3 Lección 1   Lectura B

Lectura C

Goal: Read and answer questions about likes and dislikes.

1 Lee el siguiente artículo sobre la cocina tradicional de Puerto Rico. Luego responde a las preguntas de comprensión y escribe sobre la comida de un país hispanohablante.

La cocina puertorriqueña

En Puerto Rico hay una mezcla de diferentes pueblos que se refleja en las costumbres, en la cultura, en la música y también en su comida. La cocina de Puerto Rico combina platos e ingredientes de origen principalmente indígena, español y africano, aunque también tiene influencia de otros países debido a las personas que llegaron a la isla de países como Francia, Italia y China. La cocina tradicional de Puerto Rico se conoce como cocina criolla. Los elementos principales de esta cocina son el arroz, el pescado, los frijoles y los plátanos.

Un plato muy popular en Puerto Rico es el **mofongo**, que se hace con carne, plátanos fritos y ajo. Con el plátano también se hacen los tostones. También son típicas de Puerto Rico las **empanadillas** (masa de harina rellena de carne, queso o marisco que luego se fríe o se cuece en el horno) y el **asopao** (sopa de arroz y pollo).

Las **frituritas** son sabrosos entremeses, o pequeñas porciones de alimentos, que pueden comerse a cualquier hora. Se llaman frituritas porque se fríen. Las **alcapurrias** son frituritas de plátano y carne. Otras frituritas son los **bacalaítos** (bacalao) y los pastellillos de harina rellenos de carne o queso.

En Puerto Rico también hay bebidas especiales como los deliciosos jugos y néctares de frutas tropicales, como el mango, la guayaba, la piña y el tamarindo. También se hacen batidos de estas frutas con leche. Los postres puertorriqueños también son ricos. Los más populares son los dulces de coco y leche, como el famoso **tembleque**. También se comen el arroz con leche y el flan, que son típicos no sólo de Puerto Rico, sino de muchos países hispanohablantes.

2 ¿Comprendiste? Responde a las siguientes preguntas con oraciones completas.

1. ¿Cuál es el origen de la cocina de Puerto Rico? ¿Qué alimentos más se usan en la cocina criolla?

_____

_____

_____

2. ¿Cuáles tres platos de los que se nombran en el artículo se hacen con plátanos?

_____

_____

3. ¿Qué son las frituritas? ¿De qué se hacen?

_____

_____

4. Según el artículo, ¿qué bebidas y postres se hacen con leche?

_____

_____

3 ¿Qué piensas? ¿Has probado algún plato típico de Puerto Rico o de un país hispanohablante? ¿Cuál? ¿Qué ingredientes tiene? ¿Te gusta? ¿Crees que es un plato nutritivo?

_____

_____

_____

_____

_____

_____

_____

UNIDAD 3 Lección 1

Lectura C

Escritura A

> **¡AVANZA!** **Goal:** Write about foods and beverages.

1 ¿Qué comidas te gustan? Piensa en qué te gustaría comer durante el fin de semana y escribe un menú para el sábado y el domingo. Puedes repetir comidas y bebidas. Asegúrate de que: a) los alimentos y las bebidas son adecuados para cada comida, b) las comidas son variadas y saludables y c) el uso del lenguaje es correcto y no hay faltas de ortografía.

Menú para el fin de semana

sábado	domingo
desayuno _____	desayuno _____
_____	_____
almuerzo _____	almuerzo _____
_____	_____
cena _____	cena _____
_____	_____

2 Ahora escribe un párrafo de seis oraciones sobre las comidas y bebidas del menú anterior que más te gustan. Explica por qué.

_____
_____
_____
_____
_____
_____
_____

3 Evalúa tu párrafo con la siguiente tabla.

	Crédito máximo	**Crédito parcial**	**Crédito mínimo**
Contenido	Escribiste seis oraciones completas con una lista variada de comidas.	Escribiste cuatro oraciones completas con una lista no tan variada de comidas.	Escribiste dos oraciones completas y tu lista de comidas no es variada.
Uso correcto del lenguaje	Tuviste muy pocos errores o ninguno en el uso del lenguaje, la ortografía y el verbo **gustar**.	Tuviste algunos errores en el uso del lenguaje, la ortografía y el verbo **gustar**.	Tuviste un gran número de errores en el uso del lenguaje, la ortografía y el verbo **gustar**.

UNIDAD 3 Lección 1

Escritura A

118 Unidad 3, Lección 1
Escritura A

¡Avancemos! 1
Cuaderno para hispanohablante

Escritura B

¡AVANZA!	**Goal:** Write about foods and beverages.

Escribe un párrafo para hablar de ti y tu mejor amigo(a).

1 Completa esta tabla con las actividades, comidas y bebidas que (no) te gustan a ti y
las que (no) le gustan a tu amigo(a).

	Actividades	Comidas	Bebidas
A mí me gusta(n)			
A _____ le gusta(n)			
A mí no me gusta(n)			
A _____ no le gusta(n)			

2 Usa la tabla para escribir tu párrafo. Asegúrate de que: 1) incluyes información tanto
sobre ti como sobre tu amigo(a), 2) el párrafo es fácil de entender y 3) usas el verbo
gustar correctamente.

_____

_____

_____

_____

3 Evalúa tu párrafo usando la siguiente tabla.

	Crédito máximo	Crédito parcial	Crédito mínimo
Contenido	Incluyes información sobre ti y sobre tu amigo(a). El párrafo es fácil de comprender.	Falta información sobre ti y tu amigo(a). Contiene secciones difíciles de comprender.	Falta mucha información sobre ti y tu amigo(a). Tu párrafo es difícil de comprender.
Uso correcto del lenguaje	Tuviste muy pocos errores o ninguno en el uso del verbo **gustar**.	Tuviste algunos errores en el uso del verbo **gustar**.	Tuviste un gran número de errores en el uso del verbo **gustar**.

Escritura C

¡AVANZA! **Goal:** Write about foods and beverages.

Prepara una encuesta para saber si los estudiantes de tu escuela y sus familias tienen una alimentación saludable y adecuada.

1 Completa estas listas con los datos que necesitas conocer para decidir si una alimentación es saludable. Ten en cuenta los alimentos y las costumbres.

Alimentos: _____ , _____ , _____ , _____ .

Costumbres: _____ , _____ , _____ , _____ .

2 Escribe una introducción para la encuesta explicando a quién va dirigida y cuál es su finalidad. Luego, usa las listas para escribir seis preguntas. Asegúrate de que: 1) la presentación es clara, 2) las preguntas son claras y relevantes y, 3) usas bien las palabras interrogativas y no hay faltas de ortografía.

ENCUESTA

Introducción _____

_____

_____

1. _____

2. _____

3. _____

4. _____

5. _____

6. _____

3 Evalúa tu encuesta usando la siguiente tabla.

	Crédito máximo	Crédito parcial	Crédito mínimo
Contenido	La introducción es clara. Incluiste seis preguntas relevantes.	La introducción no es clara. Incluiste menos de seis preguntas o tus preguntas no son relevantes.	La introducción no es clara. Incluiste pocas preguntas que no son claras y ni relevantes.
Uso correcto del lenguaje	El uso de las palabras interrogativas es correcto y no hay faltas de ortografía.	Hay algunos errores en el uso de las palabras interrogativas y la ortografía.	Hay un gran número de errores en el uso de las palabras interrogativas y la ortografía.

Cultura A

¡AVANZA!	**Goal:** Use and consolidate cultural information about Puerto Rico.

1 Usa las palabras del cuadro para completar las siguientes descripciones de algunas comidas típicas de Puerto Rico y de El Salvador.

pupusas	tostones	semita	alcapurrias	bacalaitos

1. Pedazos de pescado bacalao frito: _____

2. Pan dulce con capas de mermelada de piña: _____

3. Plátano macho frito relleno con carne: _____

4. Plátanos macho fritos: _____

5. Tortillas de maíz rellenas con frijoles, puerco o queso: _____

2 ¿Adónde pueden ir los visitantes en Puerto Rico para hacer las siguientes actividades? Completa la siguiente tabla.

Admirar los edificios coloniales:	
Ver la Cascada de la Coca:	
Reunirse informalmente con amigos y familiares:	
Ver la estatua de Cristóbal Colón:	
Ver un coquí:	

3 Describe el Viejo San Juan u otro lugar importante de Puerto Rico. Usa oraciones completas en la narración y compáralo con tu ciudad u otro lugar que visitaste.

_____

_____

_____

_____

Nombre _____ Clase _____ Fecha _____

Cultura B

Level 1A Textbook pp. 180–18

| ¡AVANZA! | **Goal:** Use and consolidate cultural information about Puerto Rico. |

1 Usa la información de tu libro para responder en forma breve a las siguientes preguntas sobre Puerto Rico.

1. ¿Qué país está cerca de Puerto Rico?

_____

2. ¿Cuáles son algunas comidas típicas de la cocina criolla de Puerto Rico?

_____

3. ¿Cuál es la capital de Puerto Rico?

_____

4. ¿Que es un **coquí**?

_____

2 Rellena la siguiente tabla con dos oraciones completas que describan cada uno de los siguientes lugares.

El Viejo San Juan	1. _____
	2. _____
El Parque Nacional de El Yunque	1. _____
	2. _____
La Plaza de Colón	1. _____
	2. _____

3 ¿Dónde se reúnen las familias puertorriqueñas para descansar y pasar un rato? ¿Hay algún lugar en tu ciudad adonde la gente vaya para pasar el rato en familia? Compara y escribe un párrafo corto para describirlo.

_____
_____
_____
_____

UNIDAD 3 Lección 1 — Cultura B

Cultura C

¡AVANZA!	**Goal:** Use and consolidate cultural information about Puerto Rico.

Describe lo que sabes del Viejo San Juan. Da detalles de los edificios, plazas y calles.

_____

_____

_____

_____

_____

Escribe cuatro oraciones completas para describir las diferencias y semejanzas de los lugares en Puerto Rico y los que hay en la ciudad o estado donde vives.

Diferencias:	Semeanzas:
Modelo: *En mi ciudad no hay playa como en Puerto Rico.*	*En mi ciudad también hay un parque nacional como en Puerto Rico.*
1.	1.
2.	2.

En los EE.UU. se comen diferentes platos de la cocina criolla puertorriqueña. Escoge un plato y escribe un párrafo para describirlo, incluyendo los ingredientes que lo componen. Después compáralo con un plato similar de tu cultura.

_____

_____

_____

_____

_____

_____

_____

Vocabulario A *En mi familia*

> **¡AVANZA!** **Goal:** Talk about family and ages.

① Emilio habla de su familia. Indica si cada oración es cierta (**C**) o falsa (**F**).

1. _____ El padre de mi padre es mi tío.

2. _____ Las hermanas de mi madre son mis tías.

3. _____ Los padres de mis padres son mis abuelos.

4. _____ Los hijos de mis abuelos son mis primos.

5. _____ La abuela de mi hermano es mi abuela.

6. _____ La madre de mi hermanastra es mi madrastra.

② Cristina hace comparaciones sobre su familia. Elige la palabra o expresión correcta para completar cada oración.

tanto como	mejor	mayor	menos	menor

1. Yo tengo catorce años y mi hermana tiene diez años. Yo soy su hermana

   _____ .

2. Mi hermano tiene siete años. Es nuestro hermano _____ .

3. Mi tío come dos huevos y mi padre come dos. Mi padre come _____
   mi tío.

4. Yo estudio cuatro horas y mi hermana estudia dos horas. Ella estudia

   _____ .

5. Mi madre no está enferma hoy. Ella está mucho _____ .

③ Contesta las preguntas con oraciones completas y con los números en palabras.

1. ¿Cuál es el año de tu nacimiento?

   _____

2. Escribe la siguiente fecha en palabras: 23/12/2007

   _____

3. Escribe en palabras el año de nacimiento de Nora y sus primos.

   Nora, 1985: _____

   Esteban, 1990: _____

   Carmen, 1997: _____

Vocabulario B *En mi familia*

¡AVANZA!	**Goal:** Talk about family and ages.

1 Escribe los números correctos para las primeras cuatro oraciones y escoge entre **mayor**, **tanto** y **peor** para las últimas tres oraciones.

1. 700 _____

2. 500 _____

3. 1.000 _____

4. 900 _____

5. José tiene la nota más baja de la clase. Es la _____ nota.

6. Luisa tiene dos años más que yo. Es mi hermana _____ .

7. Simón y yo tenemos seiscientos dólares cada uno. Él tiene _____ como yo.

2 Describe las relaciones entre los miembros de una familia. Contesta las preguntas con oraciones completas.

Modelo: ¿Quién es la hermana de tu madre? *La hermana de mi madre es mi tía.*

1. ¿Quién es la madre de tu madre? _____

2. ¿Quién es el padre de tu primo? _____

3. ¿Quién es el padre de tu hermanastro? _____

4. ¿Quién es el hermano de tu tía? _____

5. ¿Quién es la hija de tu tío? _____

3 Vas a hacer una fiesta para el cumpleaños de un(a) amigo(a). Contesta las preguntas con oraciones completas. Escribe los números con palabras.

1. ¿Cuál es la fecha de la fiesta? _____

_____

2. ¿Cuántos años va a tener tu amigo(a)? _____

_____

3. ¿Tiene hermanos tu amigo(a)? ¿Son menores o mayores? _____

_____

4. ¿A qué miembros de su familia vas a invitar? _____

_____

Vocabulario C *En mi familia*

> **¡AVANZA!** **Goal:** Talk about family and ages.

❶ Escribe los números de las siguientes operaciones matemáticas en palabras.

Modelo: $400 + 800 = 1.200$
Cuatrocientos más ochocientos son mil doscientos.

1. $300 + 200 = 500$

_____

2. $800 - 100 = 700$

_____

3. $600 + 400 = 1.000$

_____

4. $900.000 + 100.000 = 1.000.000$

_____

5. $1.300 - 200 = 1.100$

_____

❷ Describe las relaciones entre los miembros de tu familia o una familia que tú conoces. Contesta las preguntas con oraciones completas.

Modelo: tía *Mi tía es la hermana de mi padre.*

1. padrastro _____

2. abuelo _____

3. prima _____

4. madre _____

5. hermanos _____

❸ Describe a dos miembros de tu familia o una familia que conoces. Escribe seis oraciones completas. ¿Cuál es su fecha de su nacimiento? ¿Cuántos años tienen? Escribe los números con palabras.

_____

_____

_____

_____

_____

_____

_____

UNIDAD 3 Lección 2 **Vocabulario C**

Unidad 3, Lección 2
Vocabulario C

126

¡Avancemos! 1A
Cuaderno para hispanohablante

Vocabulario adicional

┌───┐
│ ¡AVANZA!   **Goal:** Write a letter with an appropriate greeting and closing. │
└───┘

Saludos y despedidas

Si escribes una carta en español, puedes usar varias expresiones para empezar y terminar la carta. En una carta formal o informal para la familia, los amigos u otras personas, puedes empezar con una variación de estos saludos:

Estimado Juan; Estimados abuelos (formal)

Querida Alondra; Queridos padres (menos formal)

¡Hola, Isaac! (informal)

Puedes terminar una carta formal o informal para la familia, los amigos u otras personas con una variación de estas despedidas y tu nombre al final:

Atentamente, (formal)

Un saludo, (formal)

Con cariño, (informal)

Un beso, (informal)

Un abrazo, (informal)

Escribe un saludo y una despedida que puedes usar para cada persona.

1. otro estudiante en la clase _____

2. tus abuelos _____

3. tu mamá _____

4. tu mejor amigo(a) _____

5. tu hermano _____

6. tu maestro(a) de español _____

7. el presidente de Estados Unidos _____

Escríbele una carta al (a la) director(a) de tu escuela. Usa un saludo, cinco oraciones o preguntas completas y una despedida.

_____
_____
_____
_____
_____
_____
_____
_____

Gramática A *Possessive Adjectives*

Level 1A Textbook pp. 190–19

> **¡AVANZA!** **Goal:** Use possessive adjectives to talk about family.

❶ Gloria habla de su familia y las familias de sus amigos. Elige el adjetivo posesivo correcto para cada descripción.

1. Yo tengo cuatro primos. (Mi / Mis) primos viven en Mayagüez.

2. Juan tiene una hermana. (Su / Sus) hermana tiene cinco años.

3. Maribel tiene dos gatos. (Nuestros / Sus) gatos son blancos.

4. Nosotros tenemos muchos tíos. (Sus / Nuestros) tíos viven en Puerto Rico.

5. Tú tienes tres hijos. (Mis / Tus) hijos se llaman Daniel, David y Gabriela.

❷ Pablo describe a su familia. Reemplaza la frase subrayada con el adjetivo posesivo apropiado. Sigue el modelo.

Modelo: El gato de ustedes es grande. *Su gato es grande.*

1. El abuelo de Juan tiene setenta años. _____

2. Los perros de ellos son gordos. _____

3. Los primos de nosotros viven en San Juan. _____

4. El cumpleaños de la tía de Adela es el 18 de agosto. _____

   _____

5. A los padres de Emilio les gusta ir al cine. _____

6. Las hermanas de ustedes son simpáticas. _____

❸ Contesta las siguientes preguntas con oraciones completas.

Modelo: ¿Cuál es tu comida favorita? *Mi comida favorita es la pizza.*

1. ¿Dónde vive tu familia?

   _____

2. ¿Cuándo es tu cumpleaños?

   _____

3. ¿Cuál es la fecha de nacimiento de tu mejor amigo(a)?

   _____

4. ¿Dónde viven las familias de tus amigos?

   _____

5. ¿Cuál es la comida favorita de tu familia y tú?

   _____

UNIDAD 3 Lección 2

Gramática A

128
Unidad 3, Lección 2
Gramática A

¡Avancemos! 1.
Cuaderno para hispanohablante

Gramática B *Possessive Adjectives*

> **¡AVANZA!** **Goal:** Use possessive adjectives to talk about family.

1 Lee la siguiente descripción de la familia de Guillermo. Elige el adjetivo posesivo correcto para completar cada oración.

Me llamo Guillermo. Voy a contarlte un poco de **1.** (mi / tu / su / mis) familia. Tengo dos primos. **2.** (Su / Mis / Sus / Tu) padres son **3.** (mi / mis / sus / tus) tíos. Ellos tienen un gato y dos perros. **4.** (Nuestro / Su / Sus / Tu) gato se llama Tigre y **5.** (nuestros / su / sus / mis) perros se llaman Osito y Pecas. Mis padres y yo no tenemos animales porque **6.** (nuestras / nuestra / sus / mi) casa es pequeña y a **7.** (mi / mis / su / sus) padres no les gustan los animales. Y tú, ¿tienes animales en **8.** (nuestra / su / mi / tu) casa?

2 Juan y sus amigos perdieron sus cosas. Escribe oraciones completas con los adjetivos posesivos correspondientes para explicar dónde están sus cosas.

Modelo: el cereal de Juan   la cocina

  Su cereal está en la cocina.

1. las calculadoras de nosotros   el salón de clase
2. los libros de mí   la biblioteca
3. el gato de ustedes   la silla
4. el almuerzo de ti   la mesa
5. los papeles de Ana   la mochila

1. _____

2. _____

3. _____

4. _____

5. _____

3 Escribe un párrafo con cinco oraciones completas sobre los objetos más importantes para algunos de los miembros de tu familia o una familia que conoces. Usa los adjetivos posesivos en cada oración.

Modelo: *El objeto más importante de mi hermano es su balón de fútbol.*

_____

_____

_____

_____

_____

Gramática C Possessive Adjectives

┌───┐
| **¡AVANZA!**   **Goal:** Use possessive adjectives to talk about family members. |
└───┘

1 Escribe de nuevo las preguntas con los adjetivos posesivos correspondientes.

Modelo: ¿Cuál es el color favorito de tu amigo?   *¿Cuál es su color favorito?*

1. ¿Tienen ustedes los libros de Juan?

_____

2. ¿Conocen a los maestros de Pedro?

_____

3. ¿Tiene Carlos las mochilas de nosotros?

_____

4. ¿Han visto la casa de Maribel?

_____

2 Escribe oraciones completas para describir las pertenencias de estas personas.

Persona	Color	Pertenencias	Descripción
Modelo: tío	azul	carro	*Su carro es azul.*
1. papá	verde	ojos	
2. hermanas	rojo	vestidos de San Valentín	
3. nosotros	blanco	perrita	
4. tú	negro	osito de peluche	
5. yo	amarillo	lápices	

3 ¿Cuáles son las pertenencias que tu familia tenía hace cinco años y recuerdan con más cariño? Usa adjetivos posesivos para hacer una lista de cinco pertenencias. También explica por qué las apreciaban.

Modelo: *Mi padre tenía un suéter rojo. Era su favorito porque se lo dio mi mamá.*

_____

_____

_____

_____

Gramática A *Comparatives*

Level 1A Textbook pp. 196–199

> **¡AVANZA!** **Goal:** Use comparative expressions to describe people and things.

❶ Mira las edades de estas personas e indica si cada oración es cierta (**C**) o falsa (**F**) de acuerdo a los comparativos **mayor**, **menor**.

Felipe (2), Ana (17), Luz (8), Juan (14), Eva (81)

1. _____ Juan es menor que Ana.

2. _____ Felipe es mayor que Eva.

3. _____ Ana es menor que Felipe y Juan.

4. _____ Luz es menor que todas.

5. _____ Eva es mayor que los dos chicos.

❷ Escoge la forma comparativa correcta para completar las oraciones.

1. Liliana es (tan / más) atlética (que / más) Clara.

2. Me gusta correr (tan / tanto) (como / que) nadar.

3. Estas uvas son (mejores / tan) (que / más) aquellas uvas.

4. Sus notas son (peores / tanto) (como / que) mis notas.

5. Jaime es (como / menos) estudioso (tan / que) yo.

6. Mi mamá es (tan / más) buena (como / tanto) tu mamá.

❸ Escribe oraciones para comparar a Jorge y Diego. Usa adjetivos y las expresiones **más...que**, **menos...que** y **tan...como**.

Jorge   **Diego**

1. _____

2. _____

3. _____

4. _____

5. _____

6. _____

Gramática B Comparatives

> **¡AVANZA!**   **Goal:**   Use comparative expressions to describe people and things.

1 Completa cada oración con una expresión comparativa según el símbolo. Sigue el modelo.

Modelo: Me gusta el cereal ___más que___ el pan. (+)

1. Me gusta pasear _____ correr. (–)

2. Me gusta la pizza _____ las papas fritas. (=)

3. Me gustan las clases de la mañana _____ las clases de la tarde. (–)

4. Me gusta estudiar en la biblioteca _____ estudiar en casa. (=)

5. Me gusta escribir con lápiz _____ escribir con pluma. (+)

2 Usa las palabras de los cuadros y los comparativos **más...que**, **menos...que** y **tan... como** para formar cuatro oraciones. Sigue el modelo.

Modelo: *Los sándwiches son menos ricos que las hamburguesas.*

los sándwiches	nutritivo	los ensaladas
la pizza	rico	los jugos
las galletas	horrible	las hamburguesas
los refrescos		el helado
las manzanas		las naranjas

1. _____

2. _____

3. _____

4. _____

3 Compara a algunos miembros de tu familia o una familia que conoces. Escribe oraciones con los comparativos **más que...**, **menos que...**, **tan...como** y **tanto como...**

1. _____

2. _____

3. _____

4. _____

5. _____

Gramática C *Comparatives*

> **¡AVANZA!** **Goal:** Use comparative expressions to describe people and things.

❶ Marisol expresa su opinión. Sin cambiar el orden de lo que compara, escribe en el espacio en blanco una oración que exprese la opinión contraria.

1. Los gatos son mejores que los perros.

   _____

2. Las chicas son más maduras que los chicos.

   _____

3. Hacer ejercicio es menos importante que ir al cine.

   _____

4. Las hamburguesas son más sabrosas que la pizza.

   _____

❷ El tiempo lo cambia todo. Usa las siguientes categorías para escribir una comparación entre hoy y hace cinco años. Usa la pistas +, – o = para saber qué tipo de comparación escribir.

Categoría	Pista	Comparación
Modelo: *dinero*	+	*Hoy tengo más dinero que hace cinco años.*
1. jugar	–	
2. libros	+	
3. estudiar	=	
4. ver la tele	–	

❸ Las familias tienen una rutina distinta cuando están de vacaciones. Escribe un párrafo breve donde uses por lo menos cinco comparaciones que expresen lo que es igual y lo que es distinto para los miembros de tu familia en temporada de escuela.

Modelo: *Cuando estoy de vacaciones, duermo más que cuando voy a la escuela.*

_____

_____

_____

_____

_____

_____

_____

Gramática adicional El uso de la coma

Se usa la coma:

1. Después del nombre, cuando en una oración te diriges a una persona.
   Ejemplo: María, ven para acá.

2. Antes y después del nombre cuando el nombre va a mitad de la oración.
   Ejemplo: Ahora, María, ven para acá.

3. Para dividir una serie de elementos en una oración. No la uses en el último elemento si lo precede una conjunción (y, o, ni).
   Ejemplos: Ana, Lupe y Ariel
   Pedro, Juan o Jorge
   Ni tú, ni yo ni él

4. Para interrumpir una oración con información extra.
   Ejemplo: Juan, cansado por el viaje, se dejó caer en la cama.

5. Para separar expresiones como es decir, no obstante, sin embargo, etc.
   Ejemplo: No lo necesito, sin embargo, me gustó y lo voy a comprar.

❶ Tina describe sus hábitos alimenticios. Escribe el número de la regla de arriba para identificar qué regla del uso de la coma se aplica.

1. Me levanto por la mañana y como un pan, dos huevos tibios y un vaso de jugo de naranja. _____

2. A media tarde, hambrienta por el trabajo, como una hamburguesa. _____

3. No obstante, en mi escritorio siempre tengo golosinas. _____

❷ Jahir escribió el siguiente recado para el consejero de su escuela. Agrega las comas que faltan para que su escritura sea clara.

Me gustan mucho las clases de biología historia y cálculo. No obstante mi favorita es la de química. Me encanta hacer experimentos. Mi papá siempre me dice: Jahir tú vas a ser científico. No sé. Me gustaría complacerlo, sin embargo lo que a mí realmente me gusta es correr. ¿Qué me aconseja usted?

❸ Ahora escribe tú una nota al consejero de tu escuela para decirle cuáles son tus clases favoritas. No te olvides de practicar el uso de la coma.

_____

_____

_____

_____

_____

UNIDAD 3 Lección 2

Gramática adicional

Unidad 3, Lección 2
Gramática adicional

134

¡Avancemos! 1
Cuaderno para hispanohablante

Integración: Hablar

¡AVANZA!	**Goal:** Respond to written and oral passages talking about family.

Lee el siguiente artículo de un blog de Internet sobre la familia hispana y el idioma español.

Fuente 1 Leer

```
○○○
←  ↻  →    http://www.internetblog.com          GO
```

15 de diciembre

Escrito por Sofía Contreras de Soto. Brooklyn, NY

El fin de semana pasado tuvimos una reunión familiar en la casa del tío Andrés. Allí estábamos mis abuelos, mi mamá, mis hermanos, algunos tíos y primos, y nuestros hijos pequeños. Nosotros hablamos español, pero mis hijos y sobrinos sólo hablan inglés. Me dio un poco de tristeza cuando mi abuela le preguntó a mi hija Mariana: «¿Dónde está tu papá?» y mi hija no entendió. Mi mamá me sonrió y con un acento fuerte le preguntó a la niña en inglés: Where is your father?...

Escucha la descripción que hace Teresa Aguilar de su familia. Toma notas. Luego completa la actividad.

Fuente 2 Escuchar

HL CD 1, tracks 21–22

Prepara una respuesta oral en la que expliques cuál de las dos familias, la de Sofía Contreras y la de Teresa Aguilar, te parece más interesante y por qué.

Integración: Escribir

Estudia la siguiente página de un sitio Internet. Encierra en un círculo las palabras que no entiendas.

Fuente 1 Leer

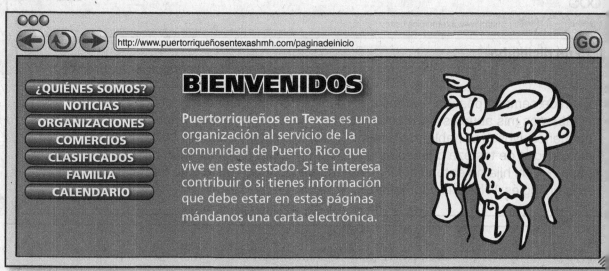

http://www.puertorriqueñosentexashmh.com/paginadeinicio GO

¿QUIÉNES SOMOS?
NOTICIAS
ORGANIZACIONES
COMERCIOS
CLASIFICADOS
FAMILIA
CALENDARIO

BIENVENIDOS

Puertorriqueños en Texas es una organización al servicio de la comunidad de Puerto Rico que vive en este estado. Si te interesa contribuir o si tienes información que debe estar en estas páginas mándanos una carta electrónica.

Escucha el siguiente anuncio radio. Toma notas. Luego completa la Actividad.

Fuente 2 Escuchar

HL CD 1, tracks 23–24

¿Puede una persona pertenecer a la organización Puertorriqueños en Texas y la Asociación de Hispanoamericanos? Escribe una carta electrónica al sitio puertorriqueño en Texas y dales la información necesaria para anunciar el evento del que ella habló en el mensaje.

_____
_____
_____
_____
_____
_____
_____
_____
_____
_____

Lectura A

¡AVANZA!	**Goal:** Read about family and age.

Lee el anuncio que Ana y Patricia pusieron en el sitio Web de la escuela. Luego responde a las preguntas y da tu opinión sobre los correos electrónicos entre estudiantes.

¡Hola! Somos Ana y Patricia, dos estudiantes de Arecibo, Puerto Rico. Tenemos 15 años, pero mi cumpleaños es en mayo y el de Ana en agosto, así que yo soy mayor que ella. Somos divertidas y atléticas y nos gusta mucho hablar con amigos de todas partes.

Ana es más seria que yo. Ella es muy trabajadora y yo soy un poquito perezosa: ella siempre termina la tarea antes que yo. Ana es alta. Yo soy un poco más baja que Ana y soy muy habladora. Ana y yo nunca tenemos problemas porque a ella le gusta más escuchar que hablar. A las dos nos gusta cantar y tocar la guitarra. Ana tiene una voz preciosa, pero yo toco la guitarra mejor que ella.

Ana y yo queremos que nos escriban chicas y chicos de tu escuela. Si tienes de 15 a 17 años y te gusta intercambiar correos electrónicos con personas de otros lugares, esperamos tu mensaje.

¿Comprendiste? Responde a las siguientes preguntas con oraciones completas.

1. ¿De dónde son Ana y Patricia?

_____

2. Las dos amigas tienen 15 años, pero Patricia dice que ella es mayor que Ana. ¿Por qué?

_____

3. Escribe dos diferencias entre las dos amigas.

_____

_____

¿Qué piensas? ¿Te parece interesante intercambiar correos electrónicos con chicos(as) de tu edad que viven en otro estado o en otro país? ¿Por qué? ¿Con cuál de las dos chicas te gustaría más intercambiar correos electrónicos? ¿Por qué?

_____

_____

_____

_____

_____

Lectura B

 ¡AVANZA!   **Goal:**   Read about family and age.

1 Lee el diálogo. Luego responde a las preguntas y escribe sobre reuniones familiares.

> **CARLOS:** En mayo visitamos a la familia de mi mamá. ¿Quieres ver las fotos?
>
> **DAVID:** Sí, claro.
>
> **CARLOS:** Mira, estos dos chicos son Alberto y Arturo, los hijos de Esther, una hermana de mi mamá. Alberto tiene catorce años y Arturo tiene doce. Los dos juegan al fútbol.
>
> **DAVID:** Tú también juegas al fútbol, ¿verdad?
>
> **CARLOS:** Sí, pero no soy tan deportista como ellos.
>
> **DAVID:** ¡Bueno, seguro que ellos no son tan divertidos e ingeniosos como tú!
>
> **CARLOS:** Mira, esta señora rubia es mi tía Araceli.
>
> **DAVID:** Y estos señores, ¿quiénes son? Parecen muy simpáticos.
>
> **CARLOS:** Son mis abuelitos, los padres de mi mamá. Son simpáticos, aunque la abuela es más seria que el abuelo.
>
> **DAVID:** ¿Tus abuelos? ¡Son muy jóvenes!
>
> **CARLOS:** Sí, el abuelo tiene cincuenta y nueve años, y la abuela uno menos.
>
> **DAVID:** ¿Y cuántos nietos tienen?
>
> **CARLOS:** Pues somos...las tres hijas de tía Araceli, el hijo de tía Inés, los dos hijos y la hija de tía Esther, mi hermana, mi hermano y yo. Somos...
>
> **DAVID:** No hace falta que cuentes. ¡Son una familia muy grande!

2 ¿**Comprendiste?** Responde a las siguientes preguntas sobre la lectura.

1. ¿Quiénes son Alberto y Arturo respecto a Carlos? ¿Qué les gusta hacer?

_____

2. ¿Qué piensa David acerca de Carlos, en comparación con sus primos?

_____

3. ¿Cómo es la abuela en comparación con el abuelo?

_____

3 ¿**Qué piensas?** ¿Tienes hermanos(as) o primos(as) de tu edad? ¿Y abuelos? ¿En qué ocasiones se reúne tu familia? ¿Dónde?

_____

_____

_____

_____

Lectura C

¡AVANZA!   **Goal:**   Read about family and age.

Lee la siguiente historia. Luego responde a las preguntas de comprensión y da tu opinión sobre las celebraciones de cumpleaños.

Un cumpleaños especial

El papá y la mamá de Amelia están de viaje. Amelia y Julita, su hermana menor, pasan la semana en casa de tía Brígida. La tía Brígida vive sola en una casa grande en las afueras de la ciudad. Ella es muy buena y cariñosa pero también es bastante despistada. Esta mañana, tía Brígida despierta a Amelia y a Julita, prepara el desayuno y le dice a Amelia:

—Amelia, querida, hoy tengo muchísimas cosas que hacer, así que va a venir Sofía a buscarlas para ir a la playa.

Al poco rato oyen el carro de Sofía, la hermana menor de Brígida. Julita está contenta, pero Amelia no. Hoy es viernes 3 de agosto; es el cumpleaños de Amelia. «Nadie se acuerda», piensa ella.

En la playa, Amelia juega con su hermana y con Ismael y Blanca, los hijos de Sofía. Amelia se divierte en la playa, pero de vez en cuando vuelve a pensar: «Nadie se acuerda. Y mamá y papá no llegan hasta mañana...».

Al mediodía, Sofía les dice que es hora de almorzar y que van a ir a comer a casa de los abuelos. Julita, Ismael y Blanca saltan de alegría porque, ¡el abuelo hace unos pasteles estupendos! Amelia no tiene hambre.

Cuando llegan a casa de los abuelos, Amelia es la última en salir del coche. Todos entran en la casa. Rosario, la abuela, espera a Amelia en la puerta, la abraza y le dice muy bajito al oído: «¡Feliz cumpleaños!» Y muchas voces gritan: «¡Felicidades!» Amelia no puede creer lo que ve: toda la familia está allí, los primos, los tíos... ¡papá y mamá también! ¡Están con tía Brígida! Ella corre a abrazar a sus padres y le dice a su tía:

—Entonces, ¿no te olvidaste?

—¿Cómo voy a olvidarme del cumpleaños de mi sobrina tan querida?

Amelia le da un beso a la tía Brígida. ¡Éste va a ser un cumpleaños inolvidable!

UNIDAD 3 Lección 2   Lectura C

❷ ¿Comprendiste? Responde a las siguientes preguntas con oraciones completas.

1. ¿Por qué Amelia y Julita están en casa de su tía?

_____

_____

2. ¿Por qué está triste Amelia?

_____

_____

3. ¿Con quiénes va Amelia a la playa y qué relación tiene cada persona con Amelia?

_____

_____

4. ¿Por qué se sorprende Amelia cuando llega a casa de los abuelos?

_____

_____

❸ ¿Qué piensas? ¿Cómo sueles celebrar tu cumpleaños? ¿Te gustaría celebrar tu próximo cumpleaños de una forma especial? ¿Cómo?

_____

_____

_____

_____

UNIDAD 3 Lección 2

Lectura C

Unidad 3, Lección 2
Lectura C

140

¡Avancemos! 1
Cuaderno para hispanohablante

Escritura A

¡AVANZA!	**Goal:** Practice making comparisons between people.

A tu amigo le gusta ver la tele y escuchar música, y no le gusta mucho salir a la calle.
Él quiere una mascota, pero no sabe qué escoger. ¿Qué le recomiendas?

1 Haz una lista de las características de cada animal y de los cuidados que necesitan.

Perro	Gato
Características:	Características:
_____	_____
_____	_____
Cuidados:	Cuidados:
_____	_____
_____	_____

2 Escribe un párrafo para decir cuál es la mejor mascota para tu amigo según su
personalidad. Apoya tu opinión con comparaciones entre las características y entre
los cuidados de los animales. Asegúrate de que: 1) tu párrafo es fácil de entender,
2) las comparaciones sirven para apoyar tu opinión y 3) las estructuras comparativas
son correctas.

_____

_____

_____

_____

_____

3 Evalúa tu párrafo usando la siguiente tabla.

	Crédito máximo	Crédito parcial	Crédito mínimo
Contenido	El párrafo es fácil de entender y las comparaciones sirven para apoyar tu opinión.	El párrafo es un poco difícil de entender y algunas comparaciones no sirven para apoyar tu opinión.	El párrafo es difícil de entender y las comparaciones no sirven para apoyar tu opinión.
Uso correcto del lenguaje	Tuviste muy pocos errores o ninguno en el uso de los comparativos.	Tuviste algunos errores en el uso de los comparativos.	Tuviste un gran número de errores en el uso de los comparativos.

Escritura B

| ¡AVANZA! | **Goal:** Practice making comparisons between people. |

1 Piensa en tu mejor amigo(a). ¿Ustedes se parecen mucho o son diferentes? Completa la tabla siguiente con información sobre ti y sobre tu amigo(a).

	mi amigo(a)	yo
Características	1. _____ 2. _____ 3. _____	1. _____ 2. _____ 3. _____
Actividades extraescolares y de los fines de semana	1. _____ 2. _____ 3. _____	1. _____ 2. _____ 3. _____

2 Basándote en la tabla, escribe un párrafo para hacer comparaciones entre tú y tu amigo(a). Asegúrate de que: 1) tu párrafo es fácil de entender, 2) la información está bien ordenada y 3) usas las estructuras comparativas correctamente y que los adjetivos concuerdan con los nombres a los que modifican.

_____

_____

_____

_____

_____

_____

3 Evalúa tu párrafo usando la siguiente tabla.

	Crédito máximo	**Crédito parcial**	**Crédito mínimo**
Contenido	El párrafo es fácil de entender y la información está bien ordenada.	Algunas partes de tu párrafo son difíciles de entender y parte de la información está desordenada.	El párrafo es difícil de entender y la información está desordenada.
Uso correcto del lenguaje	Tuviste muy pocos errores o ninguno en el uso de los comparativos y en la concordancia de los adjetivos.	Tuviste algunos errores en el uso de los comparativos y en la concordancia de los adjetivos.	Hay un gran número de errores en el uso de los comparativos y en la concordancia de los adjetivos.

Escritura C

¡AVANZA!	**Goal:** Practice making comparisons between people.

María 64 años

Cristóbal 66 años

Celia 45 años

José 47 años

Rodrigo 15 años

Ana 9 años

1 Elige a tres miembros de la familia. Imagina cómo son y completa la tabla con sus datos.

Nombre	2 actividades favoritas	Características físicas	Características de la personalidad
1.			
2.			
3.			

2 Escribe un párrafo sobre los cuatro miembros que elegiste. Haz comparaciones entre ellos basándote en las edades y en los datos de la tabla. Asegúrate de que: 1) el párrafo está bien organizado, 2) incluyes información sobre los cuatro miembros y 3) las estructuras comparativas son correctas.

_____

_____

_____

3 Evalúa tu párrafo usando la siguiente tabla.

	Crédito máximo	Crédito parcial	Crédito mínimo
Contenido	Tu párrafo está bien organizado.	Tu párrafo no está muy organizado.	Tu párrafo está desorganizado.
Uso correcto del lenguaje	Tuviste muy pocos errores o ninguno en el uso de los comparativos.	Tuviste algunos errores en el uso de los comparativos.	Tuviste un gran número de errores en el uso de los comparativos.

Cultura A

> **¡AVANZA!** **Goal:** Use and consolidate cultural information about Puerto Rico.

1 Rellena la siguiente tabla con información sobre la fiesta de quinceañera. Marca la columna con la respuesta correcta.

En la fiesta de quinceañera...	Sí	No
hay damas.		
la quinceañera usa un vestido especial.		
sólo asiste la quinceañera		
se sirve un banquete.		
no hay baile.		
se brinda y se baila un vals.		

2 En Puerto Rico hay tres partidos políticos principales. Escribe el nombre de cada partido junto a los ideales que cada uno cree.

Partido Democrático   Partido Nuevo Progresista   Partido Independentista Puertorriqueño

1. Este partido desea la independencia de Puerto Rico:

_____

2. Este partido está actualmente en el poder:

_____

3. Este partido desea que Puerto Rico se convierta en el estado número 51 de los Estados Unidos.

3 Compara el retrato de la página 199 con el retrato de una mujer de tu cultura. Descríbelas y di en qué se asemejan o no. Usa oraciones completas.

_____

_____

_____

_____

Cultura B

> ¡AVANZA! **Goal:** Use and consolidate cultural information about Puerto Rico.

1 ¿Son ciertas o falsas estas oraciones sobre *La quinceañera*? Encierra en un círculo la respuesta correcta.

1. La fiesta de quinceañera se hace en las escuelas.   C   F

2. En la celebración de quinceañera hay una fiesta con banquete.   C   F

3. En Puerto Rico, el quinceañero es una fiesta para hombres.   C   F

4. También se le llama quinceañera a la chica que cumple años.   C   F

5. En la fiesta de quinceañera usualmente hay música para bailar.   C   F

6. En Perú no se sirve comida ni tampoco se baila en la fiesta de quinceañera.   C   F

2 La fiesta de quinceañera tiene elementos característicos que la distinguen. Describe cinco de esos elementos con oraciones completas.

_____

_____

_____

_____

_____

3 ¿Por qué crees que un gran número de gente vota en las elecciones en Puerto Rico? Escribe un párrafo corto con tu opinión.

_____

_____

_____

_____

_____

Cultura C

| ¡AVANZA! | **Goal:** Use and consolidate cultural information about Puerto Rico. |

1 Lee *Las elecciones en Puerto Rico* en la página 193 en tu libro de texto. Responde a las siguientes preguntas con oraciones completas.

1. Si los puertorriqueños son ciudadanos de los Estados Unidos, ¿por qué no pueden votar en las elecciones presidenciales?

_____

2. ¿Por qué crees que la gente vota?

_____

3. ¿Qué es lo que desea el Partido Independentista de Puerto Rico?

_____

4. ¿Crees que es importante participar en las elecciones de un país?

_____

5. ¿Qué crees que motiva a la gente a votar?

_____

2 ¿Crees que los elementos de la fiesta de la quinceañera son importantes? Escribe tu opinión sobre tres de los elementos de la quinceañera. Usa oraciones completas.

1. _____

2. _____

3. _____

3 Mira los dos retratos de la página 176 de tu libro de texto y escribe una comparación de las dos pinturas.

_____
_____
_____
_____
_____
_____
_____
_____

Unidad 3, Lección 2
Cultura C
146
UNIDAD 3 Lección 2 Cultura C
¡Avancemos! 1
Cuaderno para hispanohablante

Comparación cultural: ¿Qué comemos?

Lectura y escritura

espués de leer los párrafos donde María Luisa, Silvia y José describen cómo
sfrutan de la comida del domingo, escribe un párrafo de una comida de domingo.
sa el cuadro para escribir las oraciones y después escribe un párrafo que describa tu
omida típica de domingo.

Paso 1

ompleta el cuadro describiendo tu comida típica de domingo. Incluye el mayor
úmero de datos posibles.

Paso 2

hora toma los datos del cuadro y escribe una oración para cada uno de los temas.

_____

_____

_____

_____

UNIDAD 3   Comparación cultural

Comparación cultural: ¿Qué comemos?

Lectura y escritura
(continuación)

Paso 3

Ahora escribe tu párrafo usando las oraciones que escribiste como guía. Incluye una oración introductoria y utiliza los adjetivos posesivos **mi**, **mis**, **tu**, **tus**, **su**, **sus** para escribir sobre tu comida típica de domingo.

_____

_____

_____

_____

_____

_____

Lista de verificación

Asegúrate que de...

☐ todos los datos de tu comida típica de domingo que pusiste en el cuadro estén incluidos en el párrafo;

☐ utilizas los datos para describir cada aspecto de la comida típica de los domingos;

☐ incluyes adjetivos posesivos y las nuevas palabras del vocabulario.

Tabla

Evalúa tu trabajo usando la tabla siguiente.

Criterio de escritura	Excelente	Bueno	Necesita mejorar
Contenido	Tu párrafo incluye muchos datos acerca de tu comida típica de domingo.	Tu párrafo incluye algunos datos acerca de tu comida típica de domingo.	Tu párrafo incluye muy pocos datos acerca de tu comida típica de domingo.
Comunicación	La mayor parte de tu párrafo está organizada y es fácil de entender.	Partes de tu párrafo están organizadas y son fáciles de entender.	Tu párrafo está desorganizado y es difícil de entender.
Precisión	Tu párrafo tiene pocos errores de gramática y de vocabulario.	Tu párrafo tiene algunos errores de gramática y de vocabulario.	Tu párrafo tiene muchos errores de gramática y de vocabulario.

UNIDAD 3
Comparación cultural

148 Unidad 3
Comparación cultural

¡Avancemos! 1
Cuaderno para hispanohablante

Comparación cultural: ¿Qué comemos?

Compara con tu mundo

Ahora escribe una comparación de la comida típica de domingo de uno de los tres estudiantes que aparecen en la página 211 y la tuya. Organiza tus comparaciones por tema. Primero compara los lugares en donde comen los domingos, luego los alimentos que comen y por último con quién comen.

Paso 1

Utiliza el cuadro para organizar las comparaciones por tema. Escribe tus datos y los del (de la) estudiante que escogiste para cada uno de los temas.

Categorías	Mi almuerzo / cena	El almuerzo / cena de _____
¿Dónde?		
¿Qué?		
¿Con quién?		

Paso 2

Ahora usa los datos del cuadro para escribir la comparación. Incluye una oración de introducción y escribe acerca de cada uno de los temas. Utiliza los adjetivos posesivos como **mi**, **mis**, **su**, **sus** para describir tu comida típica de domingo y la del (de la) estudiante que escogiste.

_____

_____

_____

_____

_____

_____

_____

_____

_____

_____

UNIDAD 3 Comparación cultural

Vocabulario A *¡Vamos de compras!*

¡AVANZA!	**Goal:** Talk about going shopping for clothes.

Escribe la letra de la palabra o frase de la derecha que se relaciona a la palabra o frase de la izquierda.

1. _____ pagar
2. _____ entender
3. _____ el sombrero
4. _____ el euro
5. _____ los pantalones vaqueros
6. _____ la camiseta
7. _____ el precio
8. _____ los zapatos
9. _____ feo(a)

a. el dinero de unos países europeos
b. el gorro
c. no atractivo(a)
d. comprender
e. la blusa
f. los jeans
g. dar dinero por algo
h. las sandalias
i. el costo

Felipe va de compras. Escribe la palabra correcta para completar cada oración.

suerte	el centro comercial	una chaqueta	la ropa	dinero

1. Felipe quiere comprar _____ que necesita para la escuela.
2. Él prefiere _____ a los grandes almacenes.
3. No tiene mucho _____ , sólo cien pesos.
4. Si tiene _____ , va a comprar lo que necesita a un buen precio.
5. Cuando tiene frío, quiere llevar _____ .

¿Qué llevamos puesto durante el año? Completa cada oración según corresponda.

1. Cuando tiene calor, a María _____
2. Cuando tienen frío, mis padres _____
3. Cuando está lloviendo, yo no _____

Vocabulario B ¡Vamos de compras!

> ¡AVANZA!   **Goal:**   Talk about going shopping for clothes.

❶ Escribe con qué color(es) o qué artículo(s) de ropa relacionas ciertas cosas.

Modelo: **Santa Claus:** _rojo y blanco_

1. jeans _____
2. la bandera *(flag)* de los Estados Unidos _____
3. los jugadores de tenis _____
4. el sol _____
5. las flores de la primavera _____

❷ Escribe oraciones completas para identificar la estación del año y la ropa que Benjamín lleva en cada dibujo.

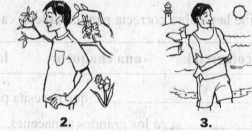

1.   2.   3.   4.

1. _____
2. _____
3. _____
4. _____

❸ Contesta las preguntas con oraciones completas para indicar tus preferencias.

1. ¿Adónde prefieres ir de compras? _____

2. ¿Cuál es tu artículo de ropa favorito?
_____

3. ¿De qué color(es) es tu ropa favorita?
_____

Vocabulario C ¡Vamos de compras!

¡AVANZA!   **Goal:**   Talk about going shopping for clothes.

① Identifica cada articulo y coloréalo. Escribe una oración completa que incluya el nombre del objeto y el color.

Modelo:

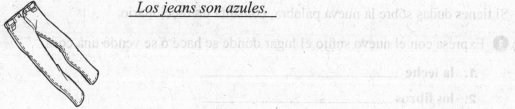

Los jeans son azules.

1.   **2.**   **3.**   **4.**   **5.**

1. _____

2. _____

3. _____

4. _____

5. _____

② Vives en una región donde hay cuatro estaciones y quieres hacer una lista de toda tu ropa. Indica los artículos que debes incluir para cada estación.

1. el invierno:

_____

2. la primavera:

_____

3. el verano:

_____

4. el otoño:

_____

Vocabulario adicional *El uso del sufijo -ería*

¡AVANZA!	**Goal:** Expand your vocabulary with the suffix **-ería**.

El sufijo *-ería* se usa para expresar dónde se hace o se vende una cosa. Por ejemplo, en una **zapatería** se hacen o se venden **zapatos**. En una **perfumería**, se hace o se vende **perfume**, y en una **taquería** se hacen o se venden **tacos**. Para formar estas palabras, reemplazas la letra final del sustantivo (*noun*) con **-ería**, y así tienes un nuevo sustantivo.

Si tienes dudas sobre la nueva palabra, consulta un diccionario.

❶ Expresa con el nuevo sufijo el lugar donde se hace o se vende una cosa.

1. la leche _____

2. los libros _____

3. los pasteles _____

4. el helado _____

5. el papel _____

6. la joya _____

7. los dulces _____

8. las tortillas _____

❷ Menciona cinco cosas que quieres comprar y el lugar donde se venden. ¿Qué cosas notas de tu lista?

Lo que quiero comprar	El lugar
1.	1.
2.	2.
3.	3.
4.	4.
5.	5.

UNIDAD 4 Lección 1

Vocabulario adicional

Gramática A *Stem-changing verbs: e → ie*

¡AVANZA! **Goal:** Use several stem-changing verbs in everyday situations.

❶ Hoy sábado, tú y tu amiga Laura van de compras a un centro comercial. Subraya la forma correcta del verbo para completar cada oración.

Modelo: Laura (quieren / quiere) comprar unos zapatos negros.

1. Tú y Laura (empiezo / empiezan) a buscar una tienda de bicicletas.

2. Afuera hace frío y Laura (piensan / piensa) comprar una chaqueta de color marrón.

3. Ya tengo hambre. ¿(Quieres / Quiero) comer antes de entrar a esa tienda?

4. Laura siempre (prefiero / prefiere) ir de compras los domingos.

5. Nosotros (entiende / entendemos) que este sombrero cuesta doscientos dólares.

❷ Escribe la forma correcta del verbo para describir una reunión con tú familia.

1. Mis abuelos (querer) _____ ir al centro comercial el miércoles.

2. Tú tienes calor y (preferir) _____ llevar pantalones cortos.

3. Yo (entender) _____ que mis calcetines anaranjados son feos.

4. En el invierno, Elena y yo (pensar) _____ ir a la tienda de gorros.

5. Mi prima Adela siempre (perder) _____ su sombrero rojo en el verano.

6. Mi tío Mario (empezar) _____ a preparar un sándwich de jamón y queso.

❸ Observa cada dibujo y escribe una oración completa usando la forma correcta de los verbos **querer**, **pensar** o **preferir** para describir qué quieren comprar estas personas.

1. Lorena y Marta   **2. Leticia y Pablo**   **3. Eduardo**   **4. Carlos**

1. _____

2. _____

3. _____

4. _____

Gramática B   *Stem-changing verbs: e → ie*

> ¡AVANZA!   **Goal:**   Use several stem-changing verbs in everyday situations.

❶ Toño e Isabel piensan hacer algo hoy pero no se deciden. Completa su diálogo con la forma correcta de los verbos en paréntesis.

Toño: Isabel, hace frío y yo **1.** _____ (querer) ponerme un suéter.

Isabel: Tienes que comprar una chaqueta. ¿No **2.** _____ (preferir) ir a una tienda de ropa?

Toño: **3.** _____ (Preferir) ir de compras a un almacén. Es más barato.

Isabel: Bueno. ¿Sabes a qué hora **4.** _____ (cerrar) las tiendas?

Toño: **5.** _____ (Pensar) que a las seis.

Isabel: Entonces mejor vamos a un centro comercial, ya **6.** _____ (empezar) las ofertas.

❷ Vas de compras con tus amigos. Contesta las preguntas sobre sus actividades. Escribe oraciones completas.

1. ¿Prefieren tus amigos ir a un centro comercial?

_____

2. ¿Empiezan ustedes sus compras en la mañana o en la tarde?

_____

3. ¿Piensas comprar un regalo para un amigo?

_____

4. ¿Quieren las chicas comprar zapatos?

_____

5. ¿A qué hora cierra la tienda?

_____

6. ¿Quieren los chicos comprar pantalones cortos?

_____

❸ Escribe lo que tú y tus amigos piensan, quieren o prefieren llevar.

1. _____

2. _____

3. _____

4. _____

Gramática C *Stem-changing verbs: e → ie*

¡AVANZA!	**Goal:** Use several stem-changing verbs in everyday situations.

1 Samuel no quiere salir porque tiene mucha tarea. Contesta las invitaciones que le hacen sus amigos con la forma negativa del verbo en paréntesis.

Modelo: —Cierran el almacén a las siete. ¿No quieres venir con las chicas?

—*Gracias, no pienso ir al almacén.* (pensar)

1. —Samuel, ¿quieres ir al centro comercial con nosotros?

—Gracias, _____ . Necesito hacer mi tarea. (querer)

2. —Lina y Carla te esperan en el centro comercial.

—Ellas _____ que tengo que estudiar. (entender)

3. —Ellas insisten en ir con nosotros dos.

—Pero yo _____ sacar malas notas. (pensar)

4. —Yo sí quiero ir de compras pero ya es tarde.

—Pero _____ temprano. (cerrar)

5. —¿Y vas a terminar la tarea de español primero?

6. —No. Prefiero _____ la tarea de español primero. (hacer)

2 Escribe qué ropa quieren comprar o prefieren no comprar las siguientes personas para llevar a varios eventos. Usa las palabras de las cajas para crear oraciones completas.

	Almacén Kika:	**Eventos**
Carmen	chaqueta de mezclilla	fiesta sorpresa
Carmen y Amalia	pantalones en rayas moradas de terciopelo	fiesta de graduación
	camisa	cumpleaños de una amiga
Tú	impermeable	el aniversario de tus papás
Nosotros	faldas	boda de mi hermana
Yo		

Modelo: *Tú prefieres no comprar una falda para la fiesta sorpresa.*

1. _____

2. _____

3. _____

4. _____

Gramática A *Direct object pronouns*

¡AVANZA!	**Goal:** Use direct object pronouns to avoid repetition.

1 Francisco describe su experiencia cuando va de compras. Indica con una X si es **correcto** o **incorrecto** el pronombre de objeto directo que usa Francisco.

		Correcto	**Incorrecto**
Modelo:	No quiero comprar esos jeans horribles. Prefiero no comprarlas.		X
1.	Voy a una tienda a comprar discos. Voy a comprarlos.		
2.	Quiero una camisa roja. La quiero comprar.		
3.	Me gustan esos zapatos y las voy a comprar.		
4.	Ese yogur es nutritivo y voy a comprarlo.		
5.	Para mi cumpleaños quiero unas sandalias. Los quiero.		
6.	Ya cierran el centro comercial. Ya la cierran.		

2 En la tienda, Andrea y Venancio indican lo que prefieren hacer o comprar. Escribe el pronombre de objeto directo para cada cosa.

1. Andrea quiere una chaqueta. Andrea _____ quiere.

2. Venancio prefiere los pantalones negros. Venancio_____ prefiere negros.

3. Ellas no quieren llevar zapatos nuevos a la fiesta. Ellas no quieren _____ .

4. Compro una camisa elegante. _____ compro.

5. Ustedes quieren comer un helado. Quieren _____ .

6. Necesito comprar unas plumas para la clase de arte. Necesito _____ .

7. Yo nunca pierdo mi dinero. Yo nunca_____ pierdo.

3 Rocío y Bernardo van de compras. Escribe de nuevo la oración con el pronombre apropiado.

1. Bernardo prefiere calcetines rojos. _____

2. Rocío necesita el vestido. _____

3. Bernardo no quiere comprar el sombrero. _____

4. Rocío no lleva pantalones cortos. _____

5. Bernardo necesita camisas para sus hermanos. _____

6. Rocío quiere comprar una blusa azul. _____

Gramática B *Direct object pronouns*

> ¡AVANZA!   **Goal:**   Use direct object pronouns to avoid repetition.

● Los amigos de Marcos quieren saber quién compra todo lo necesario para la fiesta. Usa el pronombre para indicar cada cosa.

Modelo: —Mariana, ¿compras refrescos? (No)   *—No, yo no los compro.*

1. Abuela, ¿preparas tú toda la comida? (Sí)

     _____

2. Susana, ¿compras el pastel? (Sí)

     _____

3. Marcos, ¿prefieres comprar los refrescos? (No)

     _____

4. Alicia y Tomás, ¿compran unas pizzas? (Sí)

     _____

5. Marcos, ¿quieren tú y Verónica comprar las decoraciones? (No)

     _____

● Describe lo que vas o no vas a comprar este sábado. Usa los pronombres de objeto directo.

Modelo: (gorro)   *Voy a comprarlo / Lo voy a comprar.*
                          No lo voy a comprar / No voy a comprarlo.

1. (camisetas) _____

2. (calcetines) _____

3. (una camisa elegante)_____

4. (un sombrero) _____

● Contesta las preguntas sobre las compras con los pronombres de objeto directo.

1. Si tienes calor, ¿compras una chaqueta?

     _____

2. ¿Prefieres comprar el gorro en el almacén o en el centro comercial?

     _____

3. ¿A qué hora cierran las tiendas en tu comunidad?

     _____

4. ¿Compras tu ropa en euros o en dólares?

     _____

Gramática C *Direct object pronouns*

| ¡AVANZA! | **Goal:** Use direct object pronouns to avoid repetition. |

1 Patricia describe lo que tiene que hacer esta tarde pero se equivoca. Corrige los pronombres en cada oración para que quede correcta.

1. Mi mamá te va a llevar a mí y a mi mejor amiga a una tienda.

_____

2. Prefiero llevar los vestidos elegantes pero mi amiga prefiere llevarlas feos.

_____

3. Esa pizza se ve deliciosa y queremos comprarte.

_____

4. Si veo un regalo para Ronaldo, voy a comprarnos para su cumpleaños.

_____

2 Contesta las siguientes preguntas sobre tus actividades. Usa el pronombre de objeto directo para reemplazar cada cosa y escribe oraciones completas.

Modelo: ¿A qué hora lees el periódico?
Lo leo por la mañana.

1. ¿Dónde prefieres comprar la ropa?

_____

2. ¿Cuándo usas pantalones cortos normalmente?

_____

3. ¿Cuándo llamas a tus amigos normalmente?

_____

4. ¿Quieres hacer la tarea?

_____

5. ¿Vas a celebrar tu cumpleaños?

_____

3 Escribe cinco oraciones sobre la ropa que te gusta comprar y dónde prefieres comprarla. Menciona artículos de ropa específicos y usa los pronombres del objeto directo.

_____

_____

_____

_____

Gramática adicional *Adjetivos y pronombres demostrativos*

¡AVANZA! **Goal:** Use demonstrative adjectives and pronouns correctly.

Los demostrativos se usan para señalar la proximidad o la distancia entre el objeto del que se habla y la persona que habla. Los demostrativos tienen concordancia de género y número con el nombre al que se refieren, a excepción de los neutros (**esto, eso, aquello**).

Cercanos	Lejanos	Remotos
este / estos	ese / esos	aquel /aquellos
esta / estas	esa / esas	aquella / aquellas
esto	eso	aquello

Cuando los demostrativos aparecen en la misma oración con el nombre al que se refieren los llamamos **adjetivos demostrativos**. Cuando el nombre no aparece en la oración los llamamos **pronombres demostrativos** y se escriben con un acento. Estudia los siguientes ejemplos:

> Quiero esta camisa. → esta + camisa = adjetivo demostrativo

> No me gusta aquélla. → aquélla – camisa = pronombre demostrativo

1 Juan hace notas mentales antes de hacer sus compras. Subraya los adjetivos demostrativos. Luego, encierra en un círculo los pronombres demostrativos.

"Me gusta esta chamarra de cuero pero está muy cara. Mejor voy a comprar aquélla de franela que está en venta. Necesito unos guantes para el invierno. Si compro éstos, no tendré suficiente dinero para ir al cine esta noche. Mejor, le pido al empleado que me enseñe ésos en el cajón. Esto de no tener mucho dinero es muy triste".

2 Marilú y Andrea están de compras y describen sus preferencias. Rellena los espacios en blanco con los pronombres demostrativos correctos.

1. Andrea: —A mí me gustan esos pantalones.

   Marilú: —Toma, pruébate _____ , te van a gustar más.

2. Andrea: —Ay no, pásame esa falda que está cerca de ti.

   Marilú: —¿Cuál? ¿ _____ ?

3. Andrea: —Sí, con esta bufanda se va a ver divina.

   Marilú: —No, me gusta más _____ detrás del mostrador.

Integración: Hablar

> **¡AVANZA!** **Goal:** Respond to written and oral passages about making purchases and describing clothing.

Lee el siguiente editorial de una revista juvenil.

¡DE LA MODA LO QUE TE ACOMODA! PERO...

por Janet Ruiz

Todos sabemos que la moda se repite con el paso del tiempo. Pero muchos deseamos que los diseñadores no repitan la moda de los años ochenta. Recordemos que los cantantes de la época se vestían de manera muy particular, casi cómica. Muchos admiradores de estos artistas se querían vestir igual. No era raro ver por la calle chicos con camisetas y pantalones rotos, y chicas con vestidos cortos y chaquetas de colores... y, ¿se acuerdan del estilo y los colores del pelo?...

37

Escucha el mensaje de Silvia a su amigo. Toma apuntes y luego responde a las preguntas.

HL CD 1, tracks 25–26

Describe detalladamente el disfraz que van a llevar Silvia y Sunita a la fiesta: cómo es la ropa, de qué colores, cómo son los accesorios y el maquillaje? ¿Qué crees que diga Sunita cuando vea a Silvia vestida de la misma manera?

Integración: Escribir

¡AVANZA!	**Goal:**	Respond to written and oral passages about making purchases and describing clothing.

Lee el siguiente catálogo de una tienda de ropa y pon atención a los precios de cada artículo.

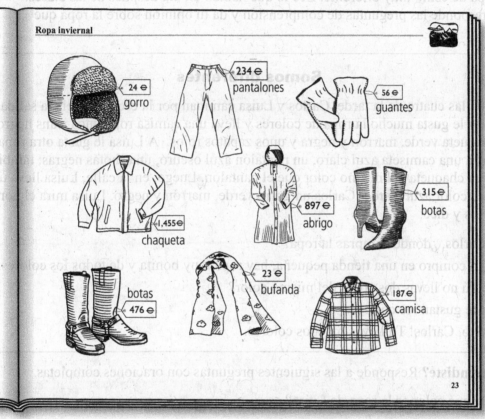

Ropa inviernal

- gorro — 24 €
- pantalones — 234 €
- guantes — 56 €
- chaqueta — 1,455 €
- abrigo — 897 €
- botas — 315 €
- botas — 476 €
- bufanda — 23 €
- camisa — 187 €

23

Escucha el anuncio de radio. Toma nota y luego haz la actividad.

HL CD 1, tracks 27–28

Escríbele un mensaje a Susana Madrigal, una chica española que no sabe qué regalarles a sus padres en su aniversario de bodas. Susana no vio el catálogo ni escuchó el anuncio de radio y por eso debes darle toda la información necesaria. Describe la ropa y los descuentos de la venta.

_____

_____

_____

_____

_____

_____

_____

Lectura A

| ¡AVANZA! | **Goal:** Read about clothes and style. |

1 Carlos y Luisa son compañeros de clase. Aunque tienen muchas cosas en común, usan ropa de estilo muy diferente. Lee lo que hablan un día después de las clases. Luego responde las preguntas de comprensión y da tu opinión sobre la ropa que tú usas.

Somos diferentes

Son las cuatro de la tarde, Carlos y Luisa caminan por la escuela hacia la salida. A Carlos le gusta mucho la ropa de colores y lleva una camisa roja, unos jeans negros, una chaqueta verde, marrón y negra y unos zapatos rojos. A Luisa le gusta otra ropa. Ella lleva una camiseta azul claro, un pantalón azul oscuro, unas botas negras; también lleva una chaqueta del mismo color que el pantalón. Luego, en la calle, Luisa lleva un gorro de color azul claro y Carlos un gorro verde, marrón y negro. Luisa mira el gorro de Carlos y dice:

–Carlos, ¿dónde compras la ropa?

–La compro en una tienda pequeña, hay ropa muy bonita y de todos los colores.

–¿Tú no llevas dos cosas del mismo color?

–Me gustan los colores.

–¡No, Carlos! Tú llevas muchos colores.

2 **¿Comprendiste?** Responde a las siguientes preguntas con oraciones completas.

1. ¿De qué color es la ropa de Luisa?

_____

2. ¿Qué ropa le gusta a Carlos?

_____

3. ¿Carlos compra la ropa en el centro comercial?

_____

4. ¿Qué estación del año es en la lectura?

_____

3 **¿Qué piensas?** ¿En qué se parece o en qué se diferencia la ropa que llevas en enero, abril, julio y octubre?

_____

_____

_____

_____

Lectura B

| ¡AVANZA! | **Goal:** Read about clothes and style. |

1 Lee el siguiente artículo sobre tiendas de ocasión. Luego responde a las preguntas de comprensión y habla de tu experiencia cuando vas de compras.

Dónde comprar ropa

Si te gusta comprar ropa hay muchas tiendas y centros comerciales con la ropa más actual. También existen otras tiendas que venden ropa. Son las tiendas de ocasión.

Las tiendas de ocasión tienen la misma ropa, las mismas marcas y los mismos colores que en los centros comerciales y tiendas de moda. Los precios en las tiendas de ocasión son mucho más bajos: una blusa que en el centro comercial cuesta 40 dólares, en una tienda de ocasión cuesta 25 dólares; unos calcetines de 7 dólares, aquí cuestan 4 o 5 dólares. Los precios son más bajos porque es ropa de segunda mano.

Si te gusta comprar ropa buena y no tienes mucho dinero, las tiendas de ocasión son un buen lugar. Además, en las tiendas de ocasión también encuentras zapatos, gorros, sombreros y muchas más cosas.

2 ¿**Comprendiste?** Responde a las siguientes preguntas con oraciones completas.

1. ¿Cómo es la ropa que venden en los centros comerciales y en las tiendas?

_____

2. ¿Qué ropa venden en las tiendas de ocasión?

_____

3. ¿Por qué cuesta poco la ropa en las tiendas de ocasión?

_____

3 ¿**Qué piensas?** ¿Dónde te gusta comprar la ropa? ¿Por qué? ¿Qué es para ti más importante cuando vas a comprar ropa?, ¿el precio?, ¿los colores?, ¿la moda?

_____

_____

_____

_____

Lectura C

| ¡AVANZA! | **Goal:** Read about clothes and style. |

1 Alberto, Sergio y César pertenecen al grupo de teatro de la escuela. Hoy van a actuar y están nerviosos. Lee su diálogo. Luego contesta las preguntas de comprensión y da tu opinión sobre lo que van a representar.

ALBERTO: ¡Date prisa! Empezamos dentro de diez minutos y aún no estamos vestidos para actuar. ¿Dónde está mi sombrero negro?

SERGIO: Pienso que lo vi encima de la mesa.

ALBERTO: ¿Piensas? ¡No sabes dónde lo pusiste!

SERGIO: Yo no lo toqué. Allí está. ¿Lo ves? ¿Y tú sabes dónde están los zapatos?

ALBERTO: César siempre los pone debajo de la silla. Sí, allí están. Voy a buscarlos.

CÉSAR: *(Abre la puerta y entra.)* ¡Quedan cinco minutos!

ALBERTO: Sí, sí, ya sé. ¿Por qué no cierras la puerta?

CÉSAR: Ya la cierro, y ya me voy. *(Sale y cierra la puerta.)*

(Sergio habla en voz baja, no se entiende lo que dice.)

ALBERTO: ¿Qué dices?

SERGIO: Nada, repaso mi diálogo del segundo acto.

ALBERTO: ¿No puedes repasarlo en silencio?

SERGIO: Voy a decirlo sólo una vez más.

ALBERTO: Los dos queremos que todo salga bien, ¿verdad? Pues por favor, cállate que me estoy poniendo nervioso.

SERGIO: Bueno, está bien, yo ya estoy preparado. ¿Y tú? ¿Necesitas otra cosa?

ALBERTO: Sólo necesito la espada y la capa.

SERGIO: Yo tengo dos espadas, mira, ¿quieres la espada negra?

ALBERTO: No, prefiero la espada marrón. ¿Y la capa?

SERGIO: Tú la tienes.

ALBERTO: No, yo no la tengo.

SERGIO: ¡Oh! ¡No! Tú siempre pierdes todas las cosas.

ALBERTO: No, yo no las pierdo. ¡Necesito mi capa! ¡Ayúdame a buscarla! ¡No puedo ser «El Zorro» sin capa!

CÉSAR: *(Abre la puerta y entra.)* ¡Queda un minuto!

ALBERTO: Pero no encuentro la capa...

CÉSAR: Yo acabo de verla en una silla detrás del escenario.

ALBERTO: ¡No lo puedo creer! Vamos, Sergio.

UNIDAD 4 Lección 1

Lectura C

② **¿Comprendiste?** Responde a las siguientes preguntas con oraciones completas.

1. Alberto y Sergio son un poco desorganizados y les cuesta trabajo tener todo preparado para la actuación. Escribe qué cosas buscan antes de salir al escenario y quién busca cada cosa.

_____

2. César pertenece al mismo grupo de teatro que Alberto y Sergio pero él no es actor. ¿Cuál crees que es su función dentro del grupo?

_____

_____

3. Aunque es normal estar nervioso antes de una presentación teatral, uno de los chicos está demasiado nervioso. ¿Quién es y por qué crees que está nervioso?

_____

_____

4. ¿Piensas que Alberto encuentra la capa? ¿Cómo crees que acaba la historia?

_____

_____

5. ¿Qué tipo de obra crees que van a representar los chicos? ¿Por qué lo sabes?

_____

_____

③ **¿Qué piensas?** ¿Has participado alguna vez en una obra de teatro? ¿Cómo te vestiste? Si nunca has participado en una obra de teatro, di en qué tipo de obra te gustaría participar y cómo te gustaría vestirte.

_____

_____

_____

Escritura A

¡AVANZA! **Goal:** Write about clothes and shopping.

Has ido a estudiar un semestre a España y tu amigo(a) va a ir a visitarte en el mes de abril. Escríbele un correo electrónico a tu amigo(a).

1 En abril es la primavera en España. Piensa qué excursiones puedes hacer con tu amigo(a) y qué ropa es la adecuada.

Excursiones	Ropa

2 Escribe el correo electrónico con los datos de la tabla anterior. Aconséjale a tu amigo(a) sobre la ropa que debe llevar. Asegúrate de que 1) la ropa que le aconsejas llevar es la adecuada para la época del año, 2) incluyes por lo menos dos prendas de ropa para cada excursión, 3) la ortografía y el uso de los verbos son correctos.

A:

_____
_____
_____
_____
_____

3 Evalúa tu correo electrónico usando la siguiente tabla.

	Crédito máximo	Crédito parcial	Crédito mínimo
Contenido	En el correo incluiste ropa para la época del año y dos o más prendas adecuadas para cada excursión.	En el correo la ropa es adecuada para la época del año pero no incluiste suficiente número de prendas o no son adecuadas para las excursiones.	En el correo la ropa no es adecuada para la época del año o incluiste menos de dos prendas para una o más de las excursiones.
Uso correcto del lenguaje	Tuviste muy pocos errores o ninguno en el uso de los verbos y la ortografía.	Tuviste algunos errores en el uso de los verbos y la ortografía.	Tuviste un gran número de errores en el uso de los verbos y la ortografía.

Escritura B

¡AVANZA!	**Goal:** Write about clothes and shopping.

Todos nos vestimos de forma diferente en cada momento o situación. Explica cómo te vestirías tú en tres situaciones diferentes y por qué.

1 Primero haz una lista de la ropa, los zapatos y los otros complementos que tú escogerías para las siguientes situaciones. Anota también el color de cada prenda de ropa.

a. Para ir con tus amigos(as) a la playa: _____

b. Para ir a la escuela: _____

c. Para ir a cenar con tu familia a un restaurante elegante: _____

2 Tienes un(a) amigo(a) que nunca se viste de manera apropiada. Cuando hace frío lleva camisetas y pantalones cortos, a la graduación de su hermana llevó un traje de baño. Explícale a este(a) amigo(a) sobre cómo vestirse. Usa la información de arriba. Asegúrate de que 1) la ropa que incluyes es adecuada para cada ocasión, 2) das una información completa sobre la ropa para cada ocasión e incluyes todos los detalles posibles, 3) el uso del lenguaje y la ortografía son correctos.

_____

_____

_____

_____

_____

3 Evalúa tu explicación usando la siguiente tabla.

	Crédito máximo	**Crédito parcial**	**Crédito mínimo**
Contenido	En tu explicación indicas la ropa adecuada para cada ocasión; das mucha información y detalles sobre la ropa.	En tu explicación indicas la ropa adecuada para cada ocasión; das algo de información y algunos detalles sobre la ropa.	En tu explicación la ropa no es adecuada para cada ocasión; das muy poca información y muy pocos o ningún detalle sobre la ropa.
Uso correcto del lenguaje	Tuviste muy pocos errores o ninguno en el uso del lenguaje y la ortografía.	Tuviste algunos errores en el uso del lenguaje y la ortografía.	Tuviste un gran número de errores en el uso del lenguaje y la ortografía.

Escritura C

¡AVANZA!	**Goal:** Write about clothes and shopping.

Una empresa, *Centrostruct*, quiere abrir un centro comercial en tu barrio. Primero van a hacer un estudio de mercado para saber tu opinión.

1 Llena la siguiente encuesta que te ha dado *Centrostruct*.

a. ¿Cuántas veces vas de compras en una semana? ¿En un mes?

_____

b. ¿Cuánto dinero gastas aproximadamente cuando vas de compras?

_____

c. ¿Qué tipo de ropa compras?

_____

d. ¿Piensas que sería bueno tener un gran centro comercial cerca? ¿Por qué?

_____

2 Ahora usa las respuestas del ejercicio anterior y escribe una carta a la empresa *Centrostruct* en la cual das tu opinión sobre la construcción del centro comercial. Asegúrate de que 1) tu carta es clara y fácil de comprender, 2) das tus opiniones sobre los centros comerciales, 3) usas correctamente el lenguaje y la ortografía.

Estimado *Centrostruct*:

_____

_____

_____

_____

Sinceramente,

3 Evalúa tu carta usando la siguiente tabla.

	Crédito máximo	**Crédito parcial**	**Crédito mínimo**
Contenido	Tu carta es clara y fácil de comprender. Incluye tus opiniones personales.	Secciones de tu carta no son claras / fáciles de comprender o le falta opiniones personales.	Tu carta no es clara, resulta difícil de comprender y no incluye opiniones personales.
Uso correcto del lenguaje	Tuviste muy pocos errores o ninguno en el uso del lenguaje y la ortografía.	Hay algunos errores en el uso del lenguaje y la ortografía.	Hay un gran número de errores en el uso del lenguaje y la ortografía.

UNIDAD 4 Lección 1

Escritura C

Cultura A

¡AVANZA!	**Goal:** Use and strengthen cultural information about Spain.

1 ¿Qué tanto sabes sobre España y su cultura? Une ambas columnas según corresponde.

1. Esta es la moneda de España. _____   **a.** el Real Madrid
2. Es una comida típica española. _____   **b.** el flamenco
3. Es un equipo de fútbol español. _____   **c.** Madrid
4. Es un idioma que se habla en España. _____   **d.** el euro
5. Es un baile típico español. _____   **e.** la paella
6. Es la capital de España. _____   **f.** el gallego

2 Escoge la palabra correcta de la lista para describir aspectos culturales de España.

gazpacho	Pablo Picasso	traje de sevillana	El Barca

1. Lola le va al Real Madrid, pero su novio dice que _____ es mejor equipo.

2. _____ fue uno de los pintores más grandes del siglo XX.

3. José prepara _____ con tomate y otros vegetales.

4. Lourdes está cosiendo su _____ para la Feria de Abril.

3 ¿Quién fue Salvador Dalí? ¿De qué estilo son sus obras? Mira la pintura de la página 229 en tu libro. Responde a estas preguntas y escribe dos características de esta obra.

_____

_____

_____

_____

_____

Cultura B

> **¡AVANZA!** **Goal:** Use and strengthen cultural information about Spain.

1 Antonio Gamboa está escribiendo su tarea sobre España. Ayúdalo completando las siguientes oraciones.

En España se hablan cuatro idiomas, **1.** _____

El **2.** _____ es el traje tradicional de Sevilla que las chicas usan para la Feria de Abril. España tiene frontera con **3.** _____

Algunas de las comidas típicas de España son **4.** _____

El **5.** _____ es la moneda de España y de los países que pertenecen a la Comunidad Europea.

2 Anita Robledo no sabe sobre qué personaje español escribir una biografía. Ayúdale escribiendo una oración completa acerca de los siguientes personajes famosos de España.

1. Pablo Picasso

_____

_____

2. Salvador Dalí

_____

_____

3. Miguel de Cervantes Saavedra

_____

_____

3 Tu amiga Sara nunca había oído hablar del baile flamenco. ¿Cómo le describirías este baile? Escribe un párrafo corto y menciona tres características de los trajes del hombre y de la mujer. También opina si te gusta y por qué.

_____

_____

_____

_____

UNIDAD 4 Lección 1

Cultura B

172

Unidad 4, Lección 1
Cultura B

¡Avancemos! 1◆
Cuaderno para hispanohablante

Cultura C

| ¡AVANZA! | **Goal:** Use and strengthen cultural information about Spain. |

1 Completa las siguientes oraciones sobre España.

Modelo: La paella . . .
es una comida típica española que contiene pescado y otros mariscos.

1. Pablo Picasso . . .

_____

2. El flamenco . . .

_____

3. Las pinturas surrealistas . . .

_____

4. El verano en España . . .

_____

2 Te han pedido que entrevistes a Salvador Dalí para el diario cultural de tu ciudad. Escribe cuatro preguntas que le harías sobre su obra *La persistencia de la memoria*. Usa la información sobre el pintor en tus preguntas.

1.	
2.	
3.	
4.	

3 ¿Son importantes los himnos en el fútbol español? ¿Por qué? Escribe un párrafo corto en el que expreses lo que te gustaría que incluyera el himno de tu equipo deportivo favorito.

_____
_____
_____
_____

UNIDAD 4 Lección 1 Cultura C

Vocabulario A ¿Qué hacemos esta noche?

> **¡AVANZA!**   **Goal:**   Talk about going out.

1 Víctor va a salir esta noche. Indica con un círculo adónde quiere ir.

1. Necesito comer. Voy (a un restaurante / a una ventanilla).

2. Me gusta la música rock. Voy (a un concierto / al café).

3. Tengo ganas de ver *Hamlet*. Voy (al parque / al teatro).

4. Quiero ver una película. Voy (al cine / al teatro).

5. Tengo que caminar para hacer ejercicio. Voy (al cine / al parque).

2 Lucas y Mateo están en un restaurante. Escoge una palabra de la lista para completar el diálogo entre ellos.

pescado	postre	cuenta	bistec	ensalada

1. Mateo: Lucas, ¿qué vas a pedir? Yo quiero el _____ . Me gusta mucho la carne.

2. Lucas: Yo quiero el _____ porque estamos cerca del mar (*sea*).

3. Mateo: Debemos pedir una _____ , ¿no?

4. Lucas: Sí, y un _____ también: pastel de chocolate.

5. Mateo: ¡Vamos a tener una _____ muy grande!

3 Vas al centro con tus amigos esta noche para cenar e ir a un concierto. Contesta las preguntas con oraciones completas.

1. ¿Cómo van Uds. al centro?

_____

2. ¿Qué vas a comer en el restaurante?

_____

3. ¿Vas a dejar una propina para el (la) camarero(a)?

_____

4. ¿A qué tipo de concierto van Uds.?

_____

5. ¿Cuánto cuestan las entradas?

_____

UNIDAD 4 Lección 2   Vocabulario A

Nombre _____ Clase _____ Fecha _____

Vocabulario B ¿Qué hacemos esta noche?

Level 1A Textbook pp. 246–251

¡AVANZA! **Goal:** Talk about going out.

1 Indica con una X qué actividades asocias con los siguientes lugares.

	El cine	El restaurante	El centro
1. la película			
2. el autobús			
3. la propina			
4. las entradas			
5. el pastel			
6. el coche			
7. la ventanilla			

2 Completa las oraciones con el infinitivo correcto para saber lo que hace Teo esta noche.

servir	costar	encontrar	dormir	tomar	pedir	volver

1. Va a _____ el autobús hasta la calle Velázquez.
2. Va a _____ a sus amigos en un restaurante.
3. Va a _____ un bistec.
4. El bistec le va a _____ mucho, pero tiene suficiente dinero.
5. El camarero quiere _____ el postre, pero Teo no puede comer más.
6. Después de la cena, Teo decide _____ a casa.
7. Él está cansado y necesita _____ .

3 Prepara un menú para tu familia. Escribe oraciones completas para describir lo que les vas a preparar.

Modelo: *Para mi abuelita, voy a prepararle un café con leche para el desayuno. Para el almuerzo, voy a hacerle una ensalada de pollo. Para la cena, voy a cocinarle arroz, carne y brócolis.*

El desayuno	El almuerzo	La cena
1. Para mi mamá,		
2. Para mi papá,		
3. Para mi tía,		
4. Para mi hermano,		
5. Para mi hermanito,		

UNIDAD 4 Lección 2 Vocabulario B

Vocabulario C ¿Qué hacemos esta noche?

> **¡AVANZA!** **Goal:** Talk about going out.

1 Sales al centro con tu amigo(a) esta tarde. Completa las oraciones para describir lo que haces en cada lugar.

1. En el parque nosotros _____

2. En el restaurante yo _____

3. En el restaurante mi amiga _____

4. En el cine nosotros _____

5. En el autobús yo _____

2 Escribe oraciones completas para describir lo que ves una noche mientras te encuentras con unos amigos en el centro.

| 1. Federico, Esteban e Inés | 2. Dolores y Cecilia | 3. La familia Báez | 4. El camarero | 5. Benito |

1. _____

2. _____

3. _____

4. _____

5. _____

3 Comes en un restaurante del centro con tu amigo(a). Escribe siete oraciones completas para describir por orden cronológico lo que pasa.

1. _____

2. _____

3. _____

4. _____

5. _____

6. _____

7. _____

Vocabulario adicional

> **¡AVANZA!**　**Goal:** Use the suffix **-ísimo(a).**

El uso de -ísimo(a)

Cuando quieres decir que una persona, una cosa o una idea es más que buena, puedes decir que es **muy buena.** Y cuando quieres decir que algo es más que malo, puedes decir que es **muy malo.** Pero también hay otra manera de expresar **muy** en estos casos. Por ejemplo, en lugar de decir **muy bueno(a)** o **muy malo(a)** puedes decir **buenísimo(a)** o **malísimo(a).**

Reemplaza la vocal (*vowel*) final del adjetivo con –ísimo(s) / –ísima(s). Por ejemplo: guapo, guapísimo; roja, rojísima; inteligentes, inteligentísimos. Hay algunas palabras que requieren un cambio ortográfico. Por ejemplo: **rico, riquísimo; amargo, amarguísimo.**

1 Cambia cada expresión con **muy** usando el sufijo **–ísimo(a).**

1. Ramón es muy alto. Él es _____ .
2. Carolina es muy estudiosa. Ella es _____ .
3. Los libros son muy grandes. Ellos son _____ .
4. Mi papá está muy cansado. Él está _____ .
5. Felipe es muy cómico. Él es _____ .

2 Imagínate que estás en una cena muy elegante. Escribe cinco oraciones completas con el sufijo **-ísimo(a)** para describir el lugar y la comida.

1. _____
2. _____
3. _____
4. _____
5. _____

Gramática A *Stem-changing verbs: o → ue*

Level 1A Textbook pp. 252–25?

┌───┐
│ **¡AVANZA!**   **Goal:** Use stem-changing verbs: o → ue to talk about what people do. │
└───┘

1 Sandra hace planes para el fin de semana. Subraya la forma correcta del verbo.

Modelo: Después de visitar a Lorena (<u>puedo</u> / poder) ir de compras.

1. El sábado (almorzar / <u>almuerzo</u>) con los abuelos.

2. Después, Vanesa y yo (puedo / <u>podemos</u>) ir al centro comercial.

3. Veo una blusa que (costar / <u>cuesta</u>) veinte dólares.

4. Juan Manuel (podemos / <u>puede</u>) venir también.

5. Él (encontramos / <u>encuentra</u>) la idea de ir de compras muy aburrida.

2 Estas personas son muy distraídas. Escribe la forma correcta del verbo **encontrar** para decirles dónde pueden encontrar lo que han perdido.

| 1. | 2. | 3. | 4. | 5. |

1. Ernesto, _____ los zapatos debajo del sofá.

2. Sara y Elena, si abren la puerta _____ a Kitty.

3. Señorita Pérez, _____ sus lentes sobre su cabeza.

4. Andrés, _____ tu grabadora MP3 en el jardín.

5. Sasha, _____ el cepillo en la mochila.

3 Alberto habla de su rutina. Escribe oraciones completas para decir lo que hace.

1. Por lo general / yo / dormir / ocho horas

   _____

2. Todos los días / nosotros / almorzar un plato de frutas y un sándwich

   _____

3. Normalmente / mi equipo / poder practicar después de la escuela

   _____

4. Mis amigos / encontrarse en el parque a las cuatro

   _____

5. Después de la práctica / yo volver a casa para estudiar

   _____

Gramática B *Stem-changing verbs: o → ue*

> **¡AVANZA!**   **Goal:** Use stem-changing verbs: o → ue to talk about what people do.

1 La profesora Hernández habla con sus estudiantes sobre el próximo viaje a España. Escribe en los espacios la forma correcta del verbo entre paréntesis.

En Madrid nosotros **1.** _____ (poder) visitar el Museo del Prado.

La admisión **2.** _____ (costar) diez euros, pero ¡vale la pena!

Allí nosotros **3.** _____ (encontrar) obras de los grandes pintores

españoles. Mi favorito es Diego Velázquez, un pintor de Sevilla. Este fin de

semana ustedes tienen que escribir un reporte sobre los pintores españoles.

Tú **4.** _____ (poder) escribir sobre Velázquez, o Dalí, o Goya.

Yo **5.** _____ (encontrar) a Dalí el más interesante.

2 Escribe oraciones completas para describir lo que hace la familia Molina.

1. Mi mamá siempre / almorzar / pollo

_____

2. Mi tío Marco Antonio y su novia Luci / encontrar un restaurante bueno

_____

3. Yo / dormir tarde / los sábados

_____

4. el abuelo Ernie / no poder almorzar con la familia los domingos

_____

5. Después de almorzar / nosotros / volver a casa

_____

3 Estudia los precios de los artículos en la tabla siguiente. Luego escribe una oración completa para expresar cuánto cuestan.

Modelo: Bistec   *El bistec cuesta catorce dólares.*

	Precio
bistec	*$14*
hamburguesa	$3
pastel	$8
Las entradas a una película	$20

1. El pastel _____

2. Tres hamburguesas _____

3. Las entradas a una película _____

Gramática C *Stem-changing verbs: o → ue*

> **¡AVANZA!** **Goal:** Use stem-changing verbs: o → ue to talk about what people do.

1 Escribe oraciones sobre tus actividades y las de tus amigos con los verbos indicados.

Modelo: **nosotros** / dormir

Dormimos a las nueve de la noche.

1. tú / almorzar

_____

2. vosotros / poder

_____

3. Jorge y Maribel / poder

_____

4. yo / encontrar

_____

5. Juan / dormir

_____

2 ¿Tienen buenos modales? Usa el verbo **poder** para escribir una oración completa que explique las cosas que no se pueden hacer en los siguientes lugares. Sigue el modelo.

Modelo:  (yo) *En el concierto no puedo dormir.*

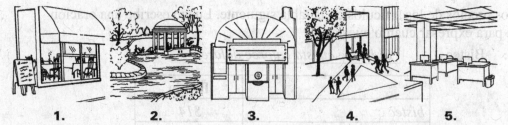

1. (nosotros) _____

2. (la señora Rodríguez) _____

3. (tú) _____

4. (los estudiantes) _____

5. (el señor Márquez) _____

Gramática A *Stem-changing verbs: e → i*

> **¡AVANZA!** **Goal:** Use stem-changing verbs: e → i to talk about ordering and serving food.

1 Lee las siguientes oraciones sobre las preferencias de las personas en un restaurante. Elige la forma correcta del verbo **pedir** o **servir**.

1. Yo _____	**a.** sirves pastel en tu cumpleaños.
2. Pedro _____	**b.** piden bistec con patatas en el restaurante.
3. Tú _____	**c.** sirven hamburguesas.
4. Maribel y tú _____	**d.** pide pescado.
5. Los camareros _____	**e.** pedimos pizza en la cafetería.
6. Cristina y yo _____	**f.** sirvo pollo a los invitados.

2 Vas al festival internacional de comida. Rellena los espacios en blanco con la forma correcta del verbo **servir** para describir lo que sirven en cada puesto *(stand)*.

1. En el puesto de Tailandia, ellos _____ una sopa de pescado.

2. En el puesto de México, la señora Godínez _____ mole de Oaxaca.

3. Mi puesto favorito es el de Estados Unidos porque mis padres y yo _____ hamburguesas y patatas fritas.

4. Más tarde voy a visitar el puesto de España porque es grande y los camareros _____ una paella espectacular.

5. Mis padres dicen que el año próximo vamos a _____ espaguetis porque vamos a poner el puesto de Italia.

3 Estas personas están de viaje. Para describir lo que comen en cada lugar, completa las siguientes oraciones con la forma correcta del verbo **pedir**. Sigue el modelo.

Modelo: yo / San Antonio, Texas / enchiladas y tacos

En San Antonio, Texas pido enchiladas y tacos.

1. mis amigos y yo / un barrio italiano de Chicago / pizza

_____

2. la señora Gámez / el barrio chino de Los Ángeles / chop suey

_____

3. el señor Armendáriz y su esposa / Tokio / sushi

_____

4. mi abuela / Buenos Aires / un bistec delicioso

_____

5. tú / tu ciudad / ¿qué?

_____

Gramática B *Stem-changing verbs: e → i*

> **¡AVANZA!**   **Goal:** Use stem-changing verbs: e → i to order and serve food.

❶ El dueño de un restaurante da instrucciones a su camarero nuevo. Elige la forma correcta del verbo **servir**.

> Jefe: Señor Trujillo, a la señorita del vestido azul Ud. Le **1.** __(sirve / sirven)__ un plato de arroz con pollo. A la familia de la mesa cinco nosotros le **2.** __(sirven / servimos)__ el pastel de chocolate. A los novios de la mesa tres Ud. les **3.** __(servís / sirve)__ este pescado empanizado *(breaded)*. Si nosotros **4.** __(servimos / sirves)__ los alimentos fríos, los clientes se van a enojar.

❷ Escribe oraciones con el verbo **servir** para describir la bebida que acompaña las comidas.

> **Modelo:**   **nosotros / pastel / un vaso de leche**
> *Servimos el pastel con un vaso de leche.*

1. **tú** / pescado frito / un refresco de naranja

_____

2. **Uds.** / arroz con pollo / un vaso de agua de jamaica

_____

3. **nosotros** / galletas de azúcar / té caliente

_____

4. **Yo** / tacos de carne / limonada

_____

❸ Tú y tus amigos están en tu restaurante favorito. Usa las palabras para describir lo que piden tus amigos y luego escribe por qué lo piden.

> **Modelo:**   Lola / pollo
> *Lola pide pollo porque no le gustan las verduras.*

1. Matilde / bistec

_____

2. Juan José y Adela / hamburguesas

_____

3. Tus amigos y tú / enchiladas

_____

4. Tú / verduras

_____

UNIDAD 4 Lección 2

Gramática B

Unidad 4, Lección 2
Gramática B

182

¡Avancemos! 1
Cuaderno para hispanohablante

Gramática C *Stem-changing verbs: e → i*

> **¡AVANZA!** **Goal:** Use stem-changing verbs: e → i to order and serve food.

La comida de los domingos se ha vuelto un problema para la familia Vélez. Conjuga los verbos **servir** o **pedir** apropiadamente para completar los pensamientos de Diego, uno de los hijos.

Los domingos al mediodía se han vuelto rutinarios. Mamá podría

1. _____ algo nuevo, como un arroz con bistec a la veracruzana, qué se yo. Pero si yo le **2.** _____ que cambie su típico estofado va a ofenderse y ponerse triste. Quizás si yo pongo de mí parte y la noche anterior bajo de Internet una receta interesante, mamá se anime a cocinar algo nuevo. O si Leticia y yo nos unimos y le **3.** _____ que nos deje cocinar a nosotros. No sé, los domingos podrían ser más interesantes. Porque si mamá **4.** _____ una vez más lo mismo, la familia entera va a acabar **5.** _____ que cambie el menú. Y entonces sí que ella se va a poner muy triste.

Escribe una oración completa para responder a las preguntas sobre las comidas o bebidas típicas que la gente pide o sirve en las siguientes situaciones.

1. ¿Qué sirve tu familia en Navidad?

_____

2. ¿Qué bebida piden los atletas después de correr en un maratón?

_____

3. ¿Qué piden los niños al final de una fiesta de cumpleaños?

_____

4. ¿Qué sirven los americanos en una fiesta para celebrar el 4 de julio?

_____

5. ¿Qué bebidas calientes pides en una noche de invierno?

_____

Usa los verbos **pedir** y **servir** para escribir un párrafo que describa los hábitos alimenticios de tu familia en una fecha especial.

_____

_____

_____

_____

_____

Gramática adicional *El uso de vosotros*

¡AVANZA!   **Goal:**   Practice the form and use of vosotros(as) in Spain and its territories.

En España, se usa el pronombre **vosotros(as)** para hablar a las personas en situaciones informales. En la América Latina, es más común usar **ustedes**. Las formas verbales en el presente de vosotros(as) son:

–ar: áis	habláis, estudiáis	ser:	sois
–er: éis	coméis, tenéis	ir:	vais
–ir: ís	vivís, escribís		

❶ Para cada verbo subrayado, escribe en el espacio la forma de vosotros.

Hola nuevos amigos:

Soy Pilar Montero y estudio en Barcelona. ¿<u>Son</u> **1.** _____ de España? ¿Es verdad que sólo <u>comen</u> **2.** _____ hamburguesas? De cualquier modo me encantan las hamburguesas, <u>pueden</u> **3.** _____ llevarme a comerlas todos los días. ¿Qué <u>hacen</u> **4.** _____ los fines de semana? A mí me encanta nadar. ¿<u>Tienen</u> **5.** _____ piscina? Hasta pronto, Pilar

❷ Rellena los espacios en blanco con la forma de vosotros(as) de los verbos entre paréntesis.

Modelo: ¿<u>Tenéis</u> un laboratorio de física? (tener)

No, pero tenemos un laboratorio de química.

1. ¿ _____ gimnasia todos los días? (hacer)

_____

2. ¿ _____ uniforme a la escuela? (llevar)

_____

3. ¿ _____ música en español? (escuchar)

_____

4. ¿ _____ para las vacaciones? (viajar)

_____

❸ Escribe cinco preguntas a un grupo de estudiantes españoles. Usa la forma de vosotros(as).

1. ¿ _____

2. ¿ _____

3. ¿ _____

4. ¿ _____

5. ¿ _____

UNIDAD 4 Lección 2   Gramática adicional

Unidad 4, Lección 2
Gramática adicional
184

¡Avancemos! 1.
Cuaderno para hispanohablante

Integración: Hablar

Lee la siguiente lista de cosas que hay para hacer en Madrid en el tiempo libre.

Guía del ocio: Madrid

Música

Si te gusta la música romántica, este viernes puedes ver a Eros Ramazzotti en el Club Pachá. ¡Apúrate! Quedan pocas entradas.

Cine

A los que les gusta El señor de los anillos, este fin de semana pueden ver la trilogía en una sola sentada.

Danza

El grupo Azteca presenta hasta el 24 de abril, música y danzas indígenas tradicionales de México en el Salón Cervantes.

Arte

El artista madrileño Carlos Marín expone una muestra de retratos de caras fabricadas por la cirugía plástica. Galería de Arte Contemporáneo. Del 12 hasta el 19 de abril.

Restaurantes

Si te gusta la buena comida, este sábado habrá una muestra de cocina internacional en el Hotel Central. 8:00 P.M.

Escucha el mensaje que dejó Francisco López a su amiga Magali. Toma nota y responde a las preguntas.

HL CD 1, tracks 29–30

¿Cómo es el primo de Francisco? ¿Adónde les recomiendas ir a Francisco y a Humberto el fin de semana? ¿Por qué?

UNIDAD 4 Lección 2 Integración: Hablar

Integración: Escribir

 Goal: Respond to written and oral passages describing places and events in town.

Lee el siguiente folleto turístico que habla sobre una fiesta importante en un pueblo de España.

LA TOMATINA Agenda

Como todos los años, Buñol está de fiesta. ¡Más de 150.000 tomates vuelan por el aire! Ésta es una de las fiestas más populares de España.

Martes
    8:00 P.M. Concurso de paellas
    9:30 P.M. Festival de luces
    10:00 P.M. Concierto

Miércoles
    11:00 A.M. La Tomatina

Escucha la descripción que una organizadora de intercambios estudiantiles a España hace de La Tomatina. Toma apuntes y después haz la actividad.

HL CD 1, tracks 31–32

Vas a ir a Buñol con un grupo de estudiantes al festival de La Tomatina. Haz un informe para ellos/ellas sobre este festival y describe qué actividades pueden hacer durante esos días.

_____

_____

_____

_____

_____

_____

_____

_____

_____

_____

_____

UNIDAD 4 Lección 2   Integración: Escribir

Lectura A

¡AVANZA!	**Goal:** Read about places around town.

Arturo y Rogelio están de viaje en España. Lee el artículo que leyeron sobre la ciudad de Madrid. Responde a las preguntas de comprensión y compara su experiencia con la tuya.

Turismo por Madrid

La villa de Madrid es la capital de España, con una población de tres millones de habitantes. La ciudad tiene varios sitios interesantes para los turistas de diferentes gustos. Si le gusta del arte y la cultura, no deje de visitar los museos como el Museo del Prado, el Centro de Arte Reina Sofía (que tiene las obras del famoso pintor Pablo Picasso) el Palacio Real, la Puerta del Sol y el Parque del Retiro. A estos lugares los turistas pueden ir con el Madrid Visión, un servicio de buses que los pasea por los lugares de interés de la ciudad.

Madrid también se destaca por su rica comida. En la ciudad, hay varios restaurantes que sirven platos típicos como el jamón serrano y la tortilla española. Muchos turistas piden el asado con papas fritas o los pescados que son sabrosos. Los postres y el café son deliciosos.

Asimismo, Madrid se destaca por los centros comerciales. En la ciudad hay varios de estos centros comerciales repartidos por los diferentes barrios. En estos lugares, se venden productos como discos de música, libros, regalos y artículos para el hogar.

No deje de visitar Madrid. Tendrá una experiencia inolvidable.

¿Comprendiste? Responde a las siguientes preguntas con oraciones completas.

1. Según el artículo ¿dónde van los turistas para divertirse?

_____

2. ¿Cómo es la comida en Madrid? Da un ejemplo.

_____

_____

3. ¿Qué venden en los centros comerciales de Madrid?

_____

_____

¿Qué piensas? ¿Qué te gusta hacer cuando visitas otra ciudad? ¿A qué sitios te gusta ir?

_____

_____

Lectura B

¡AVANZA! **Goal:** Read about places around town.

1 Lee lo que Lucía escribió sobre los medios de transporte de su ciudad. Responde a las preguntas de comprensión y compara su experiencia a la tuya.

Viajar por Madrid

Madrid es una ciudad muy grande y con mucho tráfico, pero es fácil ir de un lugar a otro. Hay un buen sistema de transporte público que funciona durante casi todo el día. El transporte que más uso es el metro, y el que menos uso es el taxi póque un taxi en Madrid es muy caro.

Esta tarde voy a visitar a mis tíos que viven en un barrio que está al otro lado de la ciudad. Para llegar hasta allí voy a tomar el metro. El metro es un tren subterráneo que como todos los trenes, se desplaza sobre un par de rieles. El metro une el centro de Madrid con los barrios y pueblos cercanos y unos barrios con otros. Es una de las formas más baratas y rápidas de recorrer la capital. Funciona de las 6 de la mañana a las 2 de la mañana. El número de trenes aumenta durante las horas en las que hay más personas: por la mañana, cuando las personas van al trabajo y a la escuela, y al mediodía y por las tardes cuando las personas regresan a su casa.

Entre el metro o el autobús, yo siempre elijo el metro, aunque no siempre puedo elegir. Mañana, por ejemplo, mis amigas y yo vamos a un concierto en un pueblo cerca de Madrid. Vamos a viajar en autobús. El autobús llega al pueblo a las cinco de la tarde y el concierto empieza a las siete. En realidad es muy fácil viajar por Madrid.

2 **¿Comprendiste?** Responde a las siguientes preguntas con oraciones completas.

1. Según el texto, ¿qué medios de transporte puede usarse para ir de un lugar a otro en Madrid?

_____

2. ¿Qué es el metro?

_____

_____

3. Escribe algunas ventajas y algunas desventajas de viajar en metro y en taxi.

_____

_____

3 **¿Qué piensas?** ¿Qué medios de transporte hay en tu ciudad? ¿Cómo te desplazas de un sitio a otro? ¿Qué medio de transporte te gusta más? ¿Por qué?

_____

_____

UNIDAD 4 Lección 2

Lectura B

Unidad 4, Lección 2
Lectura B

188

¡Avancemos! 1.
Cuaderno para hispanohablante

Lectura C

| ¡AVANZA! | **Goal:** Read about places around town. |

❶ Lee el siguiente artículo sobre el Museo del Prado. Luego contesta las preguntas de comprensión y escribe sobre los museos que conoces.

El Museo del Prado

El cuadro *Las meninas*, pintado por Diego Velázquez se encuentra en el Museo del Prado. Este museo es uno de los museos de pintura más importantes de Europa. En la exposición permanente del Museo puedes ver, además de *Las Meninas*, unas 1.500 obras de pintores famosos como los españoles El Greco y Goya, los italianos Tiziano y Tintoretto y, en general, grandes pintores europeos. Muchas de las obras de artistas españoles proceden de colecciones privadas de los reyes de España. El Museo cuenta con más de 9,000 obras, pero muchas de ellas no pueden estar en la exposición permanente por falta de espacio. El museo muestra el resto de las obras en exposiciones temporales a lo largo de todo el año.

El Museo abre de martes a domingo y cierra los lunes. La entrada normal cuesta 6 euros y la entrada reducida, 3 euros. Si eres menor de 18 años, puedes comprar una entrada reducida. También te recordamos que puedes obtener descuentos si tienes un carné de estudiante o un carné joven. Los domingos, el Museo abre de las 9:00 de la mañana a las 7:00 de la tarde y la entrada es gratis para todos; no cuesta nada. Así que si vas a ir a Madrid y quieres visitar el Museo del Prado, tal vez puede ser una buena idea dedicar un domingo a hacer esa visita.

El Museo del Prado está en un edificio del siglo XVIII que se encuentra en una de las zonas más bonitas del centro de Madrid, el Paseo del Prado, una gran avenida adornada con árboles y fuentes monumentales, muy cerca del Parque del Retiro. Si vas a Madrid recuerda visitar el Museo y caminar por el Paseo del Prado. Si quieres descansar puedes ir al Parque y sentarte en una terraza para tomar un refresco, probar un chocolate con churros (masa de harina frita) o almorzar algo ligero. Y si todavía te quedan energías puedes dar un paseo en bote en el lago del Retiro.

2 **¿Comprendiste?** Responde a las siguientes preguntas.

1. ¿Qué tipos de obras de arte puedes ver en el Museo del Prado? ¿Cuáles son algunos artistas cuyas obras se muestran en el Museo?

_____

_____

_____

2. ¿Cuánto cuesta la entrada al Museo del Prado?

_____

_____

3. ¿Dónde está el Museo del Prado?

_____

_____

4. Imagínate que vas a ir al Museo del Prado. Escribe tres cosas que vas a hacer en el museo y en los alrededores.

_____

_____

3 **¿Qué piensas?** ¿Te gustaría visitar el Museo del Prado? ¿Por qué? ¿Qué museos hay en donde vives? ¿Cuál es el más interesante? ¿Por qué? Escribe un párrafo corto para responder a las preguntas anteriores.

_____

_____

_____

_____

_____

_____

Escritura A

¡AVANZA!	**Goal:** Write about moving around in town and types of transportation.

1 El viernes hay un concierto de tu grupo de rock favorito. Vas a ir al concierto con tu amigo(a) y ya tienen las entradas. Antes del concierto van a ir a cenar al restaurante "El Parque". Completa las tablas con los planes que tienen tú y tus amigos.

	¿Cómo van a llegar?	¿Cuándo van a ir?	¿Qué van a cenar?
En el restaurante			

	¿Cómo van a llegar?	¿Cuándo van a ir?	¿Qué van a hacer después?
En el concierto			

2 Usa las respuestas del ejercicio anterior para escribir un párrafo. Explica lo que tú y tu amigo(a) van a hacer el viernes por la tarde. Asegúrate de que (a) el relato sigue un orden lógico, (b) es fácil de entender, (b) los tiempos verbales son correctos.

_____
_____
_____
_____
_____
_____
_____

3 Evalúa tu párrafo usando la siguiente tabla.

	Crédito máximo	**Crédito parcial**	**Crédito mínimo**
Contenido	El relato sigue un orden lógico y es fácil de entender.	Tu relato no siempre sigue un orden lógico o no es fácil de entender.	El relato no sigue un orden lógico y es difícil de entender.
Uso correcto del lenguaje	Tuviste muy pocos errores o ninguno en el uso de los tiempos verbales.	Tuviste algunos errores en el uso de los tiempos verbales.	Tuviste un gran número de errores en el uso de los tiempos verbales.

Escritura B

| ¡AVANZA! | **Goal:** Write about moving around in town and types of transportation. |

Compara los medios de transporte de tu ciudad, y escribe cuál usas con más frecuencia.

1 Completa la tabla sobre los diferentes medios de transporte.

	Transporte 1	**Transporte 2**	**Transporte 3**
	_____	_____	_____
Es bueno para ir a...			
Me gusta...			
No me gusta...			

2 Usa la información de la tabla para escribir un párrafo sobre los medios de transporte de tu ciudad. Haz una introducción escribiendo una frase sobre cada tipo de transporte y escoge uno. En el desarrollo escribe las razones por las cuáles usas éste transporte con mayor frecuencia. Termina con una conclusión. Asegúrate de que: (a) la información está bien organizada y es fácil de comprender, (b) el párrafo tiene una introducción, un desarrollo y una conclusión, (c) las estructuras gramaticales son correctas y no hay errores de ortografía.

_____

_____

_____

_____

_____

3 Evalúa tu párrafo usando la siguiente tabla.

	Crédito máximo	**Crédito parcial**	**Crédito mínimo**
Contenido	La información está bien organizada y es fácil de entender. El párrafo tiene introducción, desarrollo y conclusión.	La información está organizada, pero no es clara; o le falta alguna parte (introducción, desarrollo o conclusión).	La información está desorganizada, es difícil de entender y le falta alguna parte (introducción, desarrollo o conclusión).
Uso correcto del lenguaje	Hay muy pocos errores de gramática y ortografía.	Hay algunos errores de gramática y ortografía.	Hay un gran número de errores de gramática y ortografía.

UNIDAD 4 Lección 2

Escritura B

Escritura C

| ¡AVANZA! | **Goal:** Write about places around town and types of transportation. |

Un(a) amigo(a) que vive lejos va a pasar unos días en tu ciudad. Escribe qué vas a hacer con tu amigo(a) durante su visita.

1 Para planificar bien la visita, las excursiones y las actividades, piensa primero en cuatro lugares a los que llevarías a tu amigo(a) y completa la tabla siguiente.

Lugar	¿Cómo van a llegar?	¿Cuándo van a ir?	¿Qué van a hacer allí?
1.			
2.			
3.			
4.			

2 Escribe un párrafo con la información de la tabla. Usa oraciones que empiecen de la siguiente manera: "Mi amigo(a) y yo vamos a...", "Mi amigo(a) también puede...". Asegúrate de que: (a) incluyes toda la información que se pide para cada lugar, (b) el párrafo resulta interesante y es fácil de entender, (b) los tiempos verbales son correctos.

_____

_____

_____

_____

_____

3 Evalúa tu respuesta a la Actividad 2 usando la siguiente tabla.

	Crédito máximo	**Crédito parcial**	**Crédito mínimo**
Contenido	La información sobre cada lugar es completa. El párrafo es interesante y fácil de entender.	La información sobre algún lugar es incompleta, resulta poco interesante o no es fácil de entender.	Toda la información es incompleta, poco interesante y difícil de entender.
Uso correcto del lenguaje	Tuviste muy pocos errores o ninguno en el uso de los tiempos verbales.	Tuviste algunos errores en el uso de los tiempos verbales.	Tuviste un gran número de errores en el uso de los tiempos verbales.

Cultura A

> **¡AVANZA!** **Goal:** Learn and strengthen cultural information about Spain.

❶ ¿Son ciertas o falsas estas oraciones sobre *El fin de semana en España y Chile*? Encierra en un círculo la respuesta correcta.

1.	La Plaza Mayor tiene muchos cafés y restaurantes.	C	F
2.	El Parque del Buen Retiro está en Santiago de Chile.	C	F
3.	La Plaza de Armas es parte de la zona histórica de Santiago.	C	F
4.	El Corte Español es un almacén pequeño en Madrid.	C	F
5.	Los santiaguinos son los habitantes de Santiago de Chile.	C	F

❷ ¿Adónde pueden ir los madrileños el fin de semana para hacer las siguientes actividades? Completa la siguiente tabla con la información de tu libro.

Comer en un buen restaurante:	
Ver animales en el zoológico:	
Descansar y pasear:	
Alquilar botes:	
Comprar ropa:	

❸ España es un país de grandes artistas. En tu libro aparecen dos pinturas tituladas *Las meninas*. ¿Qué artistas pintaron estas obras? ¿Qué estilo siguió cada uno? Responde a estas preguntas y escribe por lo menos tres oraciones completas para describir estas dos obras maestras.

_____

_____

_____

_____

Cultura B

| ¡AVANZA! | **Goal:** Learn and strengthen cultural information about Spain. |

Usa la información de tu libro para responder en forma breve a las siguientes preguntas sobre España.

1. ¿Dónde pueden comprar ropa y comida los madrileños?

_____

2. ¿Cómo se llama el lugar donde los santiaguinos pueden comprar pescado y frutas?

_____

3. ¿Qué actividades pueden hacer los madrileños para pasarlo bien en La Plaza Mayor?

_____

4. ¿Cuáles son dos cosas en común que tienen los madrileños y los santiaguinos?

_____

Rellena la siguiente tabla con dos oraciones completas que describan cada uno de los siguientes lugares.

La Plaza Mayor	1. _____ 2. _____
El Parque del Buen Retiro	1. _____ 2. _____
El Rastro	1. _____ 2. _____

Los hispanos tenemos muchas costumbres similares. ¿Hay alguna tradición que tú conozcas que se parezca a las costumbres o tradiciones de España? Escribe un párrafo corto para describirla. Si no la hay, describe una de las tradiciones del lugar donde vives.

_____

_____

_____

_____

Cultura C

¡AVANZA!	**Goal:** Learn and consolidate cultural information about Spain.

1 Contesta las siguientes preguntas sobre el arte y la literatura de España con oraciones completas.

1. ¿Qué artista pintó 58 reproducciones de *Las meninas*?

_____

2. ¿Qué artista fue el creador original de *Las meninas*?

_____

3. ¿En qué se inspiró este artista para pintar este cuadro?

_____

4. ¿En qué se inspiró Picasso principalmente para crear sus obras de arte?

_____

5. ¿Quién fue el autor de la gran novela *Don Quijote*?

_____

2 Usa la información que aprendiste para describir con oraciones completas por qué son importantes los siguientes temas sobre España.

1. El fútbol: _____

_____

2. El arte: _____

_____

3. Las diversiones del fin de semana: _____

_____

4. *Las meninas:* _____

_____

5. El Rastro: _____

_____

3 Después de leer *El fin de semana en España y Chile* puedes darte cuenta que la vida en los países hispanos no es muy diferente. ¿Es diferente la vida de los hispanos en Estados Unidos? ¿Por qué? Escribe al menos tres oraciones completas para responder a estas preguntas.

_____

_____

_____

Comparación cultural: ¿Adónde vamos el sábado?

Lectura y escritura

Después de leer los párrafos donde Anita, Rodrigo y Armando describen qué hacen para divertirse los sábados, escribe un párrafo describiendo lo que te gusta hacer los sábados. Usa la información del cuadro de actividades para escribir las oraciones y después escribe un párrafo que describa qué haces los sábados para divertirte.

Paso 1

Completa el cuadro de actividades describiendo el mayor número de datos sobre las actividades que haces los sábados para divertirte.

Categoría	Detalles
lugares	
ropa	
actividades	

Paso 2

Ahora toma los datos del cuadro de actividades y escribe una oración para cada uno de los temas.

_____

_____

_____

_____

_____

_____

UNIDAD 4 Comparación cultural

Comparación cultural: ¿Adónde vamos el sábado?

Lectura y escritura
(continuación)

Paso 3

Ahora escribe tu párrafo usando las oraciones que escribiste como guía. Incluye una oración introductoria y utiliza los verbos **ir a + infinitivo y querer + infinitivo** para escribir sobre lo que haces los sábados para divertirte.

_____

_____

_____

_____

_____

_____

_____

Lista de verificación

Asegúrate de que...

☐ todos los datos que escribiste en el cuadro sobre tus actividades de los sábados estén incluidos en el párrafo;

☐ das detalles para describir lo que haces para divertirte los sábados;

☐ incluyes nuevas palabras de vocabulario y las expresiones **ir a + infinitivo** y **querer + infinitivo**.

Tabla

Evalúa tu trabajo usando la tabla siguiente.

Criterio de escritura	Excelente	Bueno	Necesita mejorar
Contenido	Tu párrafo incluye muchos datos acerca de cómo te diviertes los sábados.	Tu párrafo incluye algunos datos acerca de cómo te diviertes los sábados.	Tu párrafo incluye muy pocos datos acerca de cómo te diviertes los sábados.
Comunicación	La mayor parte de tu párrafo está organizada y es fácil de entender.	Partes de tu párrafo están organizadas y son fáciles de entender.	Tu párrafo está desorganizado y es difícil de entender.
Precisión	Tu párrafo tiene pocos errores de gramática y de vocabulario.	Tu párrafo tiene algunos errores de gramática y de vocabulario.	Tu párrafo tiene muchos errores de gramática y de vocabulario.

Comparación cultural: ¿Adónde vamos el sábado?

Compara con tu mundo

Ahora escribe una comparación sobre la forma en que se divierten los sábados los tres estudiantes que aparecen en la página 273 y tú. Organiza tus comparaciones por tema. Primero compara los lugares adonde van, luego la ropa que usan y por último sus actividades favoritas.

Paso 1

Utiliza el cuadro para organizar las comparaciones por tema. Escribe tus datos y los del (de la) estudiante que escogiste para cada uno de los temas.

Categoría	Mi descripción	La descripción de _____
lugares		
ropa		
actividades		

Paso 2

Ahora usa los datos del cuadro para escribir una comparación. Incluye una oración de introducción y escribe acerca de cada uno de los temas. Utiliza los verbos **ir a + infinitivo**, **querer + infinitivo** para describir la secuencia de las actividades que haces los sábados y las del (de la) estudiante que escogiste.

_____

_____

_____

_____

_____

_____

_____

Level 1a

¡Avancemos!

Vocabulary and Grammar Lesson Review Bookmarks

eet People and Say Goodbye

EETINGS

nos días.	Good morning.
nas tardes.	Good afternoon.
nas noches.	Good evening.
a.	Hello./Hi.

GOODBYE

ós.	Goodbye.
nas noches.	Good night.
ta luego.	See you later.
ta mañana.	See you tomorrow.

HOW YOU

mo estás?	How are you? (familiar)
mo está usted?	How are you? (formal)
é tal?	How is it going?
.	Fine.
	Bad.
o menos.	So-so.
bien.	Very well.
ular.	Okay.
ú?	And you? (familiar)
sted?	And you? (formal)
é pasa?	What's up?

Which Day It Is

é día es hoy?	What day is today?
es...	Today is...
ana es...	Tomorrow is
a	day
	today
ana	tomorrow
mana	week

Describe the Weather

¿Qué tiempo hace?	What is the weather like?
Hace calor.	It is hot.
Hace frío.	It is cold.
Hace sol.	It is sunny.
Hace viento.	It is windy.
Llueve.	It is raining.
Nieva.	It is snowing.

Say Where You Are From

¿De dónde eres?	Where are you (familiar) from?
¿De dónde es?	Where is he/she from?
¿De dónde es usted?	Where are you (formal) from?
Soy de...	I am from...
Es de...	He/She is from...

Make Introductions

¿Cómo se llama?	What's his/her/your (formal) name?
Se llama...	His/Her name is...
¿Cómo te llamas?	What's your (familiar) name?
Me llamo...	My name is...
Te/Le presento a...	Let me introduce you (familiar/formal) to...
El gusto es mío.	The pleasure is mine.
Encantado(a).	Delighted./Pleased to meet you.
Igualmente.	Same here./Likewise.
Mucho gusto.	Nice to meet you.
¿Quién es?	Who is he/she/it?
Es...	He/She/It is...

Exchange Phone Numbers

¿Cuál es tu/su número de teléfono?	What's your (familiar/formal) phone number?
Mi número de teléfono es...	My phone number is...

Other Words and Phrases

la clase	class
en (la) maestro(a) de español	Spanish teacher (male/female)
Perdón.	Excuse me.
el país	country
(Muchas) Gracias.	Thank you (very much).
el señor (Sr.)	Mr.
la señora (Sra.)	Mrs.
la señorita (Srta.)	Miss
sí	yes
no	no

Talk About Activities

alquilar un DVD	to rent a DVD
andar en patineta	to skateboard
aprender el español	to learn Spanish
beber	to drink
comer	to eat
comprar	to buy
correr	to run
descansar	to rest
dibujar	to draw
escribir correos electrónicos	to write e-mails
escuchar música	to listen to music
estudiar	to study
hablar por teléfono	to talk on the phone
hacer la tarea	to do homework
jugar al fútbol	to play soccer
leer un libro	to read a book
mirar la televisión	to watch television
montar en bicicleta	to ride a bike
pasar un rato con los amigos	to spend time with friends
pasear	to go for a walk
practicar deportes	to practice / play sports
preparar la comida	to prepare food / a meal
tocar la guitarra	to play the guitar
trabajar	to work

Snack Foods and Beverages

el agua (fem.)	water
la fruta	fruit
la galleta	cookie
el helado	ice cream
el jugo	juice
las papas fritas	French fries
la pizza	pizza
el refresco	soft drink

Other Words and Phrases

la actividad	activity
antes de	before
después (de)	afterward, after
la escuela	school
más	more
o	or
pero	but
también	also

Say What You Like and Don't Like to Do

¿Qué te gusta hacer?	What do you like to do?
¿Te gusta...?	Do you like...?
Me gusta...	I like....
No me gusta...	I don't like....

Describe Yourself and Others

¿Cómo eres?	What are you like?
PERSONALITY	
artístico(a)	artistic
atlético(a)	athletic
bueno(a)	good
cómico(a)	funny
desorganizado(a)	disorganized
estudioso(a)	studious
inteligente	intelligent
malo(a)	bad
organizado(a)	organized
perezoso(a)	lazy
serio(a)	serious
simpático(a)	nice
trabajador(a)	hard-working
APPEARANCE	
alto(a)	tall
bajo(a)	short (height)
bonito(a)	pretty
grande	big; large; great
guapo(a)	good-looking
joven (pl. jóvenes)	young
pelirrojo(a)	red-haired
pequeño(a)	small
viejo(a)	old
Tengo...	I have ...
Tiene...	He / She has
pelo rubio	blond hair
pelo castaño	brown hair

People

el (la) amigo (a)	friend
la chica	girl
el chico	boy
el (la) estudiante	student
el hombre	man
la mujer	woman

Other Words and Phrases

muy	very
un poco	a little
porque	because
todos(as)	all

Subject Pronouns and ser

Ser means *to be*. Use **ser** to identify a person or say where he or she is from.

	Singular		Plural	
yo	**soy**	nosotros(as)	**somos**
tú	**eres**	vosotros(as)	**sois**
usted	**es**	ustedes	**son**
él, ella	**es**	ellos(as)	**son**

Gustar with an Infinitive

Use **gustar** to talk about what people like to do.

A mí **me gusta** dibujar.
A ti **te gusta** dibujar.
A usted **le gusta** dibujar.
A él, ella **le gusta** dibujar.
A nosotros(as) **nos gusta** dibujar.
A vosotros(as) **os gusta** dibujar.
A ustedes **les gusta** dibujar.
A ellos(as) **les gusta** dibujar.

Nota gramatical: Use **de** with the verb **ser** to talk about where someone is from.
Yo soy de Miami. Ellos son de California.

Definite and Indefinite Articles

In Spanish, articles match nouns in gender and number.

		Definite Article	Noun	Indefinite Article	Noun
Masculine	Singular	el	chico	un	chico
	Plural	los	chicos	unos	chicos
Feminine	Singular	la	chica	una	chica
	Plural	las	chicas	unas	chicas

Noun-Adjective Agreement

In Spanish, adjectives match the gender and number of the nouns they describe.

	Singular	Plural
Masculine	el chico alto	los chicos altos
Feminine	la chica alta	las chicas altas

Nota gramatical: Use **ser** to describe what people are like.
Ella es alta. Mis amigos son simpáticos.

Tell Time and Discuss Daily Schedules

¿A qué hora es...?	At what time is . . . ?
¿Qué hora es?	What time is it?
A la(s)...	At . . . o'clock.
Es la... / Son las...	It is . . . o'clock.
de la mañana	in the morning (with a time)
de la tarde	in the afternoon (with a time)
de la noche	at night (with a time)
el horario	hour, time schedule
la hora	to, before (telling time)
menos	minute
el minuto	quarter past
...y cuarto	(ten) past
...y (diez)	half past
...y media	

Describe Classes

casi	almost
¿Cuántos(as)...?	How many . . . ?
difícil	difficult
en	in
el examen (pl. los exámenes)	exam
fácil	easy
hay...	there is, there are . . .
muchos(as)	many
tarde	late
temprano	early
tener que	to have to

Describe Frequency

de vez en cuando	once in a while
muchas veces	often, many times
mucho	a lot
nunca	never
siempre	always
todos los días	every day

Other Words and Phrases

NUMBERS FROM 11 TO 100 p. 87

SCHOOL SUBJECTS

el arte	art
las ciencias	science
el español	Spanish
la historia	history
el inglés	English
las matemáticas	math

CLASSROOM ACTIVITIES

contestar	to answer
enseñar	to teach
llegar	to arrive
necesitar	to need
sacar una buena / mala nota	to get a good / bad grade
tomar apuntes	to take notes
usar la	to use the computer

Describe Classroom Objects

el borrador	eraser
la calculadora	calculator
el cuaderno	notebook
el escritorio	desk
el lápiz (pl. los lápices)	pencil
el mapa	map
la mochila	backpack
el papel	paper
el pizarrón (pl. los pizarrones)	board
la pluma	pen
la puerta	door
el reloj	clock, watch
la silla	chair
la tiza	chalk
la ventana	window

Say Where Things Are Located

al lado (de)	next to
cerca (de)	near (to)
debajo (de)	underneath, under
delante (de)	in front (of)
dentro (de)	inside (of)
detrás (de)	behind
encima (de)	on top (of)
lejos (de)	far (from)

Talk about How You Feel

cansado(a)	tired
contento(a)	content, happy
deprimido(a)	depressed
emocionado(a)	excited
enojado(a)	angry
nervioso(a)	nervous
ocupado(a)	busy
tranquilo(a)	calm

Describe Classes

aburrido(a)	boring
divertido(a)	fun
interesante	interesting

Places in School

el baño	bathroom
la biblioteca	library
la cafetería	cafeteria
el gimnasio	gymnasium
la oficina del (de la) director(a)	principal's office
el pasillo	hall

Other Words and Phrases

¿(A)dónde?	(To) Where?
¿Cuándo?	When?
cuando	when
el problema	problem

The Verb tener

Use the verb **tener** to talk about what you have.

tener *to have*			
yo	**tengo**	nosotros(as)	**tenemos**
tú	**tienes**	vosotros(as)	**tenéis**
usted	**tiene**	ustedes	**tienen**
él, ella	**tiene**	ellos(as)	**tienen**

Tener + que + infinitive is used to talk about what someone has to do.

Present Tense of −ar Verbs

To form the present tense of a regular verb that ends in −**ar**, drop the −**ar** and add the appropriate ending.

hablar *to talk, to speak*			
yo	**hablo**	nosotros(as)	**hablamos**
tú	**hablas**	vosotros(as)	**habláis**
usted	**habla**	ustedes	**hablan**
él, ella	**habla**	ellos(as)	**hablan**

Nota gramatical: For the numbers 21, 31, and so on, use **veintiún, treinta y un,** and so on before a masculine noun. Use **veintiuna, treinta y una,** and so on before a feminine noun.

The Verb estar

Use **estar** to indicate location and say how people feel.

estar *to be*			
yo	**estoy**	nosotros(as)	**estamos**
tú	**estás**	vosotros(as)	**estáis**
usted	**está**	ustedes	**están**
él, ella	**está**	ellos(as)	**están**

The Verb ir

Use **ir** to talk about where someone is going.

ir *to go*			
yo	**voy**	nosotros(as)	**vamos**
tú	**vas**	vosotros(as)	**vais**
usted	**va**	ustedes	**van**
él, ella	**va**	ellos(as)	**van**

Nota gramatical: To form a question, you can switch the position of the verb and the subject.

Talk About Foods and Beverages

MEALS

el almuerzo	lunch
la bebida	beverage, drink
la cena	dinner
compartir	to share
la comida	food, meal
el desayuno	breakfast
vender	to sell

FOR BREAKFAST

el café	coffee
el cereal	cereal
el huevo	egg
el jugo de naranja	orange juice
la leche	milk
el pan	bread
el yogur	yogurt

FOR LUNCH

la hamburguesa	hamburger
el sándwich de jamón y queso	ham and cheese sandwich
la sopa	soup

FRUIT

la banana	banana
la manzana	apple
las uvas	grapes

Other Words and Phrases

ahora	now
Es importante.	It's important.
horrible	horrible
nutritivo(a)	nutritious
otro(a)	other
para	for; in order to
rico(a)	tasty, delicious

Describe Feelings

tener ganas de...	to feel like . . .
tener hambre	to be hungry
tener sed	to be thirsty

Ask Questions

¿Cómo?	How?
¿Cuál?	Which?; What?
¿Por qué?	Why?
¿Qué?	What?

Talk About Family

la abuela	grandmother
el abuelo	grandfather
los abuelos	grandparents
la familia	family
la hermana	sister
el hermano	brother
los hermanos	brothers, brother(s) and sister(s)
la hija	daughter
el hijo	son
los hijos	son(s) and daughter(s), children
la madrastra	stepmother
la madre	mother
el padrastro	stepfather
el padre	father
los padres	parents
el (la) primo(a)	cousin
los primos	cousins
la tía	aunt
el tío	uncle
los tíos	uncles, uncle(s) and aunt(s)

Pets

el (la) gato(a)	cat
el (la) perro(a)	dog

¡Feliz cumpleaños!	Happy birthday!
la fecha de nacimiento	birth date

Other Words and Phrases

vivir	to live
ya	already

NUMBERS FROM 200 TO 1,000,000

doscientos(as)	200
trescientos(as)	300
cuatrocientos(as)	400
mil	1000
un millón (de)	1,000,000

MONTHS

enero	January
febrero	February
marzo	March
abril	April
mayo	May
junio	June
julio	July
agosto	August
septiembre	September
octubre	October
noviembre	November
diciembre	December

Ask, Tell, and Compare Ages

¿Cuántos años tienes?	How old are you?
Tengo... años.	I am . . . years old.
mayor	older
menor	younger

Give Dates

¿Cuál es la fecha?	What is the date?
Es el... de...	It's the . . . of . . .
el primero de...	the first of . . .
el cumpleaños	birthday

Gustar with Nouns

To talk about the things that people like, use **gustar** + **noun**.

Singular	Plural
me gusta la sopa	**me gustan** los jugos
te gusta la sopa	**te gustan** los jugos
le gusta la sopa	**le gustan** los jugos
nos gusta la sopa	**nos gustan** los jugos
os gusta la sopa	**os gustan** los jugos
les gusta la sopa	**les gustan** los jugos

Present Tense of –er and –ir Verbs

vender *to sell*		compartir *to share*	
vendo	vendemos	comparto	compartimos
vendes	vendéis	compartes	compartís
vende	venden	comparte	comparten

Nota gramatical: To ask a question, use an interrogative word followed by a conjugated verb. *¿Cómo **está** usted? How are you?*

Nota gramatical: The verb **hacer** is irregular in the present tense only in the **yo** form (**hago**). In other forms, it follows the pattern for –**er** verbs.

Possessive Adjectives

In Spanish, **possessive adjectives** agree in number with the nouns they describe. **Nuestro(a)** and **vuestro(a)** must also agree in gender with the nouns they describe.

Singular Possessive Adjectives		Plural Possessive Adjectives	
mi *my*	**mis** *my*	**nuestro(a)** *our*	**nuestros(as)** *our*
tu *your (familiar)*	**tus** *your (familiar)*	**vuestro(a)** *your (familiar)*	**vuestros(as)** *your (familiar)*
su *your (formal)*	**sus** *your (formal)*	**su** *your*	**sus** *your*
su *his, her, its*	**sus** *his, her, its*	**su** *thier*	**sus** *thier*

Comparatives

Use with an adjective to compare two things:

más... que...

menos... que...

tan... como...

If no adjective, use these phrases.

más que...

menos que...

tanto como...

Irregular comparative words.

mayor *older*	**menor** *younger*	**mejor** *better*	**peor** *worse*

Nota gramatical: Use **de** and a **noun** to show possession. *el gato de **Marisa** Marisa's cat*

Nota gramatical: Use **tener** to talk about how old a person is. *¿Cuantos años **tiene** tu amiga? How old is your friend?*

Nota gramatical: To give the date, use the phrase: Es el + **number** + de + **month.** Hoy es el **diez de diciembre.**
Today is the tenth of December.
Es el **primeiro** de **diciembre.** *It is December first.*

Talk About Shopping

el centro comercial	shopping center, mall
¿Cuánto cuesta(n)?	How much does it (do they) cost?
Cuesta(n)...	It (They) cost. . . .
el dinero	money
el dólar (pl. los dólares)	dollar
el euro	euro
ir de compras	to go shopping
pagar	to pay
el precio	price
la tienda	store
rojo(a)	red
verde	green

Describe Clothing

la blusa	blouse
los calcetines	socks
la camisa	shirt
la camiseta	T-shirt
la chaqueta	jacket
feo(a)	ugly
el gorro	winter hat
los jeans	jeans
llevar	to wear
nuevo(a)	new
los pantalones	pants
los pantalones cortos	shorts
la ropa	clothing
el sombrero	hat
el vestido	dress
los zapatos	shoes
COLORS	
amarillo(a)	yellow
anaranjado(a)	orange
azul	blue
blanco(a)	white
marrón	brown

Expressions with tener

tener calor	to be hot
tener frío	to be cold
tener razón	to be right
tener suerte	to be lucky

Discuss Seasons

la estación (pl. las estaciones)	season
el invierno	winter
el otoño	autumn, fall
la primavera	spring
el verano	summer

Other Words and Phrases

durante	during
cerrar (ie)	to close
empezar (ie)	to begin
entender (ie)	to understand
pensar (ie)	to think, to plan
preferir (ie)	to prefer
querer (ie)	to want

Describe Places in Town

el café	café
el centro	center, downtown
el cine	movie theater; the movies
el parque	park
el restaurante	restaurant
el teatro	theater
la música rock	rock music
la película	movie
la ventanilla	ticket window

In a Restaurant

el (la) camarero(a)	(food) server
costar (ue)	to cost
la cuenta	bill
de postre	for dessert
el menú	menu
la mesa	table
el plato principal	main course
la propina	tip
ORDERING FROM A MENU	
pedir (i)	to order, to ask for
servir (i)	to serve
FOR DINNER	
el arroz	rice
el bistec	beef
el brócoli	broccoli
la carne	meat
la ensalada	salad
los frijoles	beans
el pastel	cake
la patata	potato
el pescado	fish
el pollo	chicken
el tomate	tomato
las verduras	vegetables

Getting Around Town

a pie	by foot
la calle	street
en autobús	by bus
en coche	by car
encontrar (ue)	to find
tomar	to take

Other Words and Phrases

allí	there
almorzar (ue)	to eat lunch
aquí	here
dormir (ue)	to sleep
el lugar	place
poder (ue)	to be able, can
tal vez	perhaps, maybe
ver	to see
volver (ue)	to return, to come back

Describe Events in Town

el concierto	concert

Stem-Changing Verbs: e → ie

For e → ie stem-changing verbs, the e of the stem changes to ie in all forms except nosotros(as) and vosotros(as).

querer *to want*	
quiero	queremos
quieres	queréis
quiere	quieren

Direct Object Pronouns

Direct object pronouns can be used to replace direct object nouns.

Singular		Plural	
me	*me*	nos	*us*
te	*you (familiar)*	os	*you (familiar)*
lo	*you (formal), him, it*	los	*you, them*
la	*you (formal), her, it*	las	*you, them*

Nota gramatical: Use **tener** to form many expressions that in English would use *to be*.
Tengo frío. *I am cold*

Stem-Changing Verbs: o → ue

For o → ue stem-changing verbs, the last o of the stem changes to ue in all forms except nosotros(as) and vosotros(as).

poder *to be able, can*	
puedo	podemos
puedes	podéis
puede	pueden

Stem-Changing Verbs: e → i

For e → i stem-changing verbs, the last e of the stem changes to i in all forms except nosotros(as) and vosotros(as).

servir *to serve*	
sirvo	servimos
sirves	servís
sirve	sirven

Nota gramatical: **Ver** has an irregular **yo** form in the present tense.
Veo un autobús.

Nota gramatical: Use a form of **ir a + infinitive** to talk about what you are going to do.